Para mi primo
Miguel, ya, hecho
a las Américas.

Antonio J. Gómez Gelve

JORGE GUILLÉN

1

ÁMBITOS LITERARIOS/Premios Cervantes

Jorge Guillén en la Universidad de Alcalá de Henares con motivo
de la recepción del Premio Cervantes, 23 de abril de 1977

JORGE GUILLÉN

PREMIO DE LITERATURA
EN LENGUA CASTELLANA
«MIGUEL DE CERVANTES»
1976

EDITORIAL DEL HOMBRE

MINISTERIO DE CULTURA

Dirección General del Libro y Bibliotecas

Centro de las Letras Españolas

Diseño gráfico: GRUPO A

Primera edición: septiembre 1987

© Editorial Anthropos / Ministerio de Cultura, 1987
Edita: Editorial Anthropos. Promat, S. Coop. Ltda.
   Enric Granados, 114, 08008 Barcelona
ISBN: 84-7658-054-1
Depósito legal: B. 33.208-1987
Impresión: Gráficas Guada, Esplugues de Llobregat (Barcelona)

Impreso en España - *Printed in Spain*

Presentación

Desde su creación en 1976 el Premio de Literatura en Lengua Castellana «Miguel de Cervantes» se instituyó con objeto de reconocer la labor de los mejores escritores en nuestra lengua común a uno y otro lado del Atlántico.

La obra de los galardonados, que ya forma parte de nuestro patrimonio cultural, merece a juicio del Ministerio de Cultura una amplia difusión que vaya más allá de la solemnidad pública que simboliza la tradicional entrega del Premio por S.M. El Rey en el Paraninfo de la Universidad de Alcalá de Henares.

En este sentido, el Centro de las Letras Españolas, dependiente de la Dirección General del Libro y Bibliotecas, ha llevado a cabo diversas iniciativas con el fin de apoyar el conocimiento de la vida y obra de los autores galardonados con el más prestigioso premio de literatura en castellano.

En el marco de este propósito se inscribe la edición de una serie de pequeños volúmenes que pongan al alcance de un público amplio y no especializado una semblanza biobibliográfica y crítica de los respectivos autores.

La aparición de la serie «Premios Cervantes» incluida en la colección «Ámbitos Literarios», se enmarca, además, en la línea de coediciones con el sector privado iniciada por la Dirección General del Libro y Bibliotecas. La editorial Anthropos, que ya se había ocupado de diversos Premios Cervantes en números monográficos de la revista que

7

lleva su nombre, parecía la entidad idónea para esta concreta colaboración.

Esta serie, que se pondrá al día en el plazo de cuatro años recogiendo los volúmenes dedicados a todos los galardonados desde la creación del Premio, deberá constituir un fondo documental de utilidad para centros culturales y docentes, hispanistas y, en general, interesados por la cultura hispánica.

JUAN MANUEL VELASCO RAMI
Director General del Libro y Bibliotecas

Afirmación y presencia
—Entre tantos seres—

«*Aire nuestro* es el título que unifica toda la obra de Guillén, un título nada gratuito. Las series que siguen a *Cántico* —*Clamor, Homenaje, Y otros poemas, Final*—, puede que sean variantes de ese *Cántico* inicial. Lo que no son, de ninguna manera, es página enmendada o filosofía distinta. La dinámica es la misma, pues parte de la experiencia biográfica y vital de su autor. El tiempo y los hechos son distintos con un tono también distinto y adecuado. La energía es idéntica: *negar la negación*. Entre la luz y la nada el poeta labra su historia. La reflexión ética que aflora en las últimas series de *Aire nuestro* es una forma distinta de centrar el caos, lo que le convierte en una de las personalidades cívicas más representativas de la España actual. Pero el poeta se salva por la vida. Nonagenario, exclama como síntesis coherente y placentera:

> *Maravilla de haber dormido*
> *Como un ave dentro de un nido.*»

(Antonio Piedra, *Jorge Guillén*, Valladolid, Junta de Castilla y León, 1986, p. 11.)

Cuatro trabajos breves y hondos resumen la intuición, la obra y la expresión poemática de Jorge Guillén. Son apuntes magníficos, concéntricos y directos que abren el camino de un secreto, la senda interior del centro imaginario de la creación y la fuente del poema. Todos ellos cumplen con eficacia el cometido del presente libro: dar a conocer la obra de Jorge Guillén, Premio Cervantes, a un numeroso público que puede recrearse en él cultamente.

El poema pertenece a los hombres, seres del universo. Los elaborados estudios de A. Piedra, F.J. Díaz de Castro, Antonio A. Gómez Yebra, abren la puerta al campo plural de la obra guilleniana, del universo inventado en lenguaje, en palabra. Su poema, Cántico en vuelo por el Aire nuestro, es afirmación, instante a instante, de la vida, de los seres, de lo real en nosotros. A. Piedra recrea en su escritura el poema e invita a una lectura integral, a «leer en sentido total». J. Guillén «descubre su ser y lo convierte en destino a través de la palabra poética», es «poeta en un acto convergente de intelecto y gracia», y toda su poesía «un símbolo de esperanza». A. Piedra convive con el poema y el poeta dentro, sabiendo y sintiendo la música del lenguaje, la construcción y surgimiento de su universo.

El poeta y su poesía, desde la propia autovaloración y análisis de J. Guillén. Se resume en este trabajo de F.J. Díaz de Castro, «Guillén por Guillén», la visión histórica y humana del autor. La poesía sólo se realiza en el poema. No hay poesía pura, matemática, química, simple. J.G. se decide claramente, «resueltamente por la poesía compuesta, compleja, por el poema con poesía y otras cosas humanas». Poema donde habitan compañías y presencias. La poesía ha de unir «al rigor del arte, la inteidad la creación». No sabe lo que es la poesía, sólo lo intuye. «¿Ser poeta? Realizar mi destino: el don que iba revelándose.» El aire, ámbito de comunicación y relación con el mundo, con los seres, con el hombre y sus alrededores. «¿No será el argumento capital de toda literatura?» «Importa más el mundo que el sujeto.» «Somos, luego valemos.» Nos despertamos, «somos, somos juntos». Poesía vital, indagadora de las entrañas de la vida enraizada en amor. «¡De la vida! [...] de la naturaleza del mundo.» «El sentido de mi obra es el universo», dice. «Siento la vida.» «Me importa la compañía», del mundo, de las cosas. «La frase más interesante, más elevada que se ha pronunciado en este puñetero planeta [...] es "amaos los unos a los otros"», esto es, inventaos, expresad vuestra creación mutua en un poema. Y así, «la poesía es una manera de ser, una manera de vivir». «Me vuelvo —dice— hacia el otro o al otro. Al mundo, a lo que me rodea. En mi libro *Final* aparece el mundo del otro», reunión de vida, caminar y sentir a toda suerte de amigos y presencias.

Afirmación instante a instante, sí a cuanto hay ahí en el ámbito de la vida, del universo, donde nace el poema, creador de palabras y presencias, figuras de la luz, la transparencia y la música en el aire.

«Aproximación a la poética de Jorge Guillén», también de F.J. Díaz de Castro, sintetiza con sorprendente empeño la entraña íntima de la poética del autor. Parte de «Más allá», uno de sus poemas más importantes. Resume el quehacer guilleniano en los siguientes caracteres, signos y huellas de una travesía creadora: «trabajo inspirado»; poesía como compromiso con la vida; «lenguaje de poema». La poesía existe en la fuerza creadora de la palabra: comunicación y conocimiento; la poesía vive en el lenguaje, en un lenguaje suficiente para poetizar; «el poeta como artesano». El poeta, artista del lenguaje; pero el poema es «mucho más que palabras», pues «en la breve duración de su sonido cabe el mundo». «¿Quién hizo el mundo? La imaginación.» La imaginación del inspirado, expresión en obra y en poema. La inspiración «constituye una fuerza, no una palabra, ni un tema, ni una idea, la experiencia poética se crea al formularse en sus palabras exactas». Palabra ordenadora del ahí presente en caos. «Sólo hay verdadera creación poética si está presente, además, la fuerza creadora de la palabra.» En los poemas no se desvela su misterio. «La poesía, lenguaje, rima y ritmo, inspiración y pensamiento, es indefinible para J. Guillén.» «La realidad me inventa» mientras «el aire es nuestro». Magnífico y apretado análisis.

Antonio A. Gómez Yebra cierra la obra con una perspicaz guía y análisis de la bibliografía guilleniana; por él transcurre todo el argumento de la obra poética y crítica: guía, comentario y análisis.

«Maestro artesano y maestro de lectura, Jorge Guillén es uno de los poetas de su tiempo que ha dedicado más espacio en su obra a teorizar y explicar los ingredientes y el sentido de su poética. Además, ha sabido dar cabida en sus poemas al amplio conjunto de referencias literarias e intelectuales que sustenta la génesis de su obra toda» (F.J. Díaz de Castro).

Amigo lector, tienes en la mano un don magnífico, una obra de amor, un poema, una creación que abre las puertas del universo donde habita la luz y donde la tiniebla de la historia se ensombrece. Con tan brillante guía no te puedes perder en el laberinto poemático.

Jorge Guillén: Poema del universo, fraterno cántico de la alegría, del sentido, del sí en la confianza básica, afirmación siempre de ser, de estar «mientras el aire es nuestro».

> Respiro,
> Y el aire en mis pulmones
> Ya es saber, ya es amor, ya es alegría,
> Alegría entrañada
> Que no se me revela
> Sino como un apego
> Jamás interrumpido
> —De tan elemental—
> A la gran sucesión de los instantes
> En que voy respirando,
> Abrazándome a un poco
> De la aireada claridad enorme.
>
> Vivir, vivir, raptar —de vida a ritmo—
> Todo este mundo que me exhibe el aire,
> Ese —Dios sabe cómo— preexistente
> Más allá
> Que a la meseta de los tiempos alza
> Sus dones para mí porque respiro,
> Respiro instante a instante,
> En contacto acertado
> Con esa realidad que me sostiene,
> Me encumbra,
> Y a través de estupendos equilibrios
> Me supera, me asombra, se me impone.

DÓNOAN

Jorge Guillén, 31 de enero de 1983

Lo profundo es el aire, escultura de Chillida en homenaje
a Jorge Guillén. Valladolid, 1982

Jorge Guillén o la afirmación instante a instante

Antonio Piedra

Entre tantos seres

Leyendo ciertas historias de la literatura, uno percibe, en casos muy determinados, cómo el estereotipo se aleja del hecho poético en sí y por tanto de la vida del poeta. Se da a entender la existencia de una realidad bifronte a la que se mira —según convenga— con un guiño de complicidad. Para algunos, Guillén sería el ejemplo repetido de esa escisión compleja. Pero no cabe duda que si la poesía existe es porque hay un creador que al unísono la vitaliza. Las escuelas, el afán de clasificación —el estudio sabemos que es otra cosa— perecen ahí. En cambio, el poeta y la poesía, es precisamente ahí donde se rebasan. Guillén —estudiado y admirado desde su primer libro, *Cántico*— supera el texto del manual porque, en vida, fue un clásico con salud y resultados afirmativos, y porque en obra ha creado sus propios márgenes sin contradicciones psicológicas.

Que a estas alturas se repita por enésima vez que Guillén viene a ser el reflejo paradigmático de una poesía pura e intelectual, deshumanizada o elitista, no pasa de enunciado repetitivo y de simple juego dialéctico. Quiere decir, en todo caso, que la moda de los años veinte no ha sido superada por una verdadera lectura, y que las etiquetas al uso no son, desgraciadamente, tan frívolas y veloces como el marketing asegura.

Con una poesía completa organizada y concluida —Guillén muere el 6 de febrero de 1984—, la explicación definitiva o señala la totalidad de intención poética expresa o, por el contrario, nos quedamos para siempre en los suburbios de la teoría. Y, en verdad, sólo hay un camino para salir del atolladero: la lectura con sentido total ya reclamada por Mallarmé o Rimbaud, y que Antonio Machado recomendada para la comprensión de toda gran poesía.

De esa lectura guilleniana se sacan conclusiones muy rápidamente. La primera evidencia que la aventura poética no sucumbe en ningún «ismo», que no se queda en abstracción intelectualizada o en una pretendida pureza. Hay un rigor, sí, en la forma, y una precisión que existe y que sirve para conjurar esa lejanía exquisita y marmórea de lo angélico. Se preguntaba y se respondía el poeta de esta manera: «¿Arte por el arte? Más, más». En otro lugar de la obra se desvincula de lo abstracto, mejor dicho, de la abstracción como fin, de un modo contundente:

> *Las abstracciones no ocultan*
> *Su propósito homicida.*

La segunda conclusión —lectura— nos define al hombre en un encontronazo vital y relacionante: afirmándose entre tantos seres con una sensación gozosa, con fundamento real y, a la vez, estético:

> *Vivir, vivir, raptar —de vida a ritmo—*
> *Todo este mundo que me exhibe el aire.*

El Guillén que nace en Valladolid el 18 de enero de 1893, y el que muere en Málaga noventa y un años después, decanta la historia de una relación creadora: la del hombre que descubre su ser y lo convierte en destino a través de la palabra poética. Y esta sí que es una apasionante historia a la que sobran hechos heroicos y biografías de escándalo. Sabemos muy bien que los datos biográficos no diseñan en

Montealegre (Valladolid). Vista general del pueblo

Castillo de Montealegre, que tuvo como alcaides a varios antepasados de Jorge Guillén

exclusiva el perfil del creador. En Guillén menos aún. Aquéllos aparecen como un aprendizaje que se materializa en obra, como un componente vivo, cercano a lo que el mundo de los clásicos entendía como razón existencial. Por ello, Comenius afirmaba que «nadie puede creer que es un verdadero hombre a no ser que haya aprendido a formar su hombre».

Inicialmente, ese aprendizaje humano se sustancia en Guillén en la historia y en el descubrimiento de su propia identidad. Para él no era un dato gratuito el hecho de haber nacido en Valladolid: «Si mi infancia no hubiera transcurrido en Valladolid mi poesía hubiera sido distinta. Todo lo que yo sé lo he aprendido allí, con mi padre, con mi madre, con mi lenguaje, con mi sentido de la vida».* Tampoco lo fue el resto de su vida infantil y de adolescente en la ciudad castellana. En la obra este período queda definido como núcleo primigenio del origen y como contexto natural de ese hallazgo feliz reflejado en el paisaje, en la luz natal y, sobre todo, en saberse relacionado con las cosas y con la aventura del hombre. Valladolid enraíza el sentido de la historia guilleniana:

> Villa por villa en el mundo
> Cuando los años felices
> Brotaban de mis raíces,
> Tú, Valladolid profundo.

Procedente de la villa de Montealegre (Valladolid), su genealogía se pierde, documentalmente, en los albores del siglo XIV: «Mis antepasados ya estaban en Montealegre en el siglo XIV. Era una familia de hidalgos». Agricultores y comerciantes, los Guillén se instalan en Valladolid a mediados del siglo XIX, donde constituyen un núcleo dinámico dentro de la burguesía progresista vallisoletana. A prin-

---

* Las citas que se atribuyen a Guillén a lo largo de estas páginas se entresacan de una pretendida autobiografía —un collage de textos— que publiqué en la Revista *Poesía* —n.º 17— con el título «Más allá del soliloquio», y que contó con la aprobación expresa del poeta. Allí se indicaron las distintas fuentes.

cipios de siglo la familia divide su influencia entre Barcelona y Valladolid. Del sector que opta por Valladolid, Julio Guillén —padre del poeta—, se consolida como líder. Humanista y pragmático, junto con Santiago Alba, emprende negocios de diversa índole: electra, tranvías, empresas periodísticas, etc. Y en la otra cara de la moneda Esperanza Álvarez —madre del poeta—, hija de Laureano Álvarez, un gallego amigo de Castelar que fue «presidente de la Diputación de Valladolid durante la Primera República». Católica practicante, y a la vez liberal, Esperanza Álvarez fue una adelantada de su tiempo: antibelicista y analítica, entiende las contradicciones del sistema; también lee literatura y conecta, abiertamente, con el espíritu de la Institución Libre de Enseñanza.

En este contexto de privilegio se produce el nacimiento de Jorge Guillén —el mayor de cuatro hermanos más. «El mundo está bien hecho», diría más tarde en una décima perfecta y polémica. Sin duda así debió percibirlo el poeta desde sus inicios, pues no había en su caso razón para lo contrario. Pero esto supone una lectura demasiado simple de las cosas. El poeta posterior distingue perfectamente entre la pertenencia al mundo burgués y la vida concreta: esa que en sus años de infancia aparece como fábula y paraíso vivido gracias a sus progenitores. «Toda la familia y todo lo que estaba a mi alrededor tenía que ver con los negocios, yo no. No porque lo despreciara, sino porque era incapaz, me sentía en una situación de inferioridad.» Desde niño es otra la relación: ésta se enriquece en gestos, en palabras, en todo aquello que no añade cifras a un libro de contabilidad. La relación filial se traduce en obra con palabras mayores:

> *El ser que aquí yo soy, sobre esta cumbre,*
> *Bajo este firmamento*
> *No escogido por mí.*
> *¡Gracias!*

De la calle Caldereros a la calle Constitución no hay tanta distancia en Valladolid: ambas quedan unidas por la calle Duque de la Victoria, una de las arterias centrales de la capital. Guillén vive su infancia en estos lugares que para él —junto con el Campo Grande, Las Moreras, San Isidro y la Estación del Norte— inician el recorrido de un muchacho inquieto que busca, sin saberlo, mundo. Esperanza Álvarez intuye muy pronto que su hijo mayor no está dotado para los negocios paternos, que le aburren. De manera informe el chico respondía a supuestos de otra índole, y la madre emprendre el camino invisible del futuro poeta. La religiosidad, la intuición, la delicadeza y la pasión lectora pasan intactos al hijo: «Mi madre me puso el *Quijote* en la mano. Lo compró en una edición que yo daría no sé qué si pudiera tener un ejemplar de ella, la edición de Saturnino Calleja. Tengo en la cabeza los dibujos de don Quijote y de Sancho de aquella edición modesta. Y me decía mi madre: «Mira, mira qué bonito es esto: Apenas había el rubicundo Apolo... Mira cómo describe la cama...».

Con los primeros amigos, maestros, y los estudios en el colegio de San Gregorio, la influencia del hogar cobra una dimensión distinta. Julio Guillén insiste, por última vez, en hacer de su hijo un hombre de negocios. Pero el suyo era un caso perdido. Cuando el hijo aparecía por el negocio familiar, sito en la calle de Santiago, aquello parecía una clase de terminología práctica más que una tienda de utensilios: «¿Y esto cómo se llama?». El empleado de turno respondía: «Arcaduz o cangilón». Mientras, el cliente tenía que esperar a que el chico apuntara en su libreta esos nombres mágicos. Una verdadera ruina comercial. Pero así empezaba el poeta, y más tarde así se expresaba en poesía:

> *Albor. El horizonte*
> *Entreabre sus pestañas*
> *Y empieza a ver. ¿Qué? Nombres.*
> *Están sobre la pátina*
> *De las cosas...*

A la vista de los resultados, don Julio opta por dejarlo.

En 1909, a los 16 años, Jorge concluye sus estudios de bachiller y don Julio decide que los amplíe fuera de Espa-

Esperanza Álvarez, madre de Jorge Guillén, con su hija María

ña: «Mi padre me respetó: primero que hiciera una carrera que no tenía valor económico; y segundo que fuese poeta». Atrás quedaba el *paraíso de la infancia* con la sensación de profundidad umbría —inmensa— que en él proyectaban los jardines del Campo Grande. Más cercana ya la Estación del Norte con los «Grands Express Européens»: precisamente «allí empezó mi afición a Europa. Yo, desde niño, me sentía europeo porque veía pasar aquellos vagones en Valladolid. Y se me iban los ojos detrás de ellos». En su yo más íntimo había comenzado la capacidad admirativa del poeta, y la realidad de lo vivido responde ya a un ser pleno, pues

> *No era nada ni nadie.*
> *Os debo a ti y a ti*
> *Mi don de ser a gusto*
> *Por entre tantos seres.*

Mi centro en este punto

Años decisivos los que transcurren entre 1909 y 1923 para la formación y vida de Jorge Guillén. Suponen el descubrimiento autónomo del hecho vital y también la configuración del propio mundo como hombre y poeta afirmativo. El cordón umbilical que le unía al suelo santo de Caldereros o Constitución —*Valladolid profundo*— responde ahora a exigencias prácticas, y se corta porque no existió complejo alguno, y porque apuntaba, formativamente, hacia una perspectiva abierta:

> *Las alegrías de un hombre*
> *Se ahondan fuera esparcidas.*

Decide ser profesor universitario porque su carácter reflexivo le conducía a la búsqueda de lo que realmente quería: ser poeta en un acto convergente de intelecto y gracia. Una vez más la inclinación del hijo topa con la suerte de la comprensión paterna: «En 1909 mi padre me mandó a

Suiza. Me llevó a Friburgo, una ciudad católica. Estuve en una residencia de Oratorianos, una orden muy intelectual. Nunca tuve la sensación de convento. La intensa vida religiosa no impedía el más profundo respeto a las vocaciones y aptitudes específicas ni la noble pasión por la cultura más elevada. Allí aprendí francés».

La salida de España coincide con la convulsión política generalizada a causa de la guerra con Marruecos, en el exterior, y al estallido de la Semana Trágica, en el interior. Ambos hechos los recordaba siempre el poeta como contrapunto a una formación recibida en el hogar —vía materna— opuesta a la guerra y a la división de clases: «Yo no tuve nunca aficiones bélicas. Mi madre me decía que yo necesitaba leer a escritores políticos. "¿Cómo, que hacen la guerra allí, ahora a los moros de Marruecos? ¿Por qué se hace la guerra? ¡No, la guerra no!" Todo eso lo hablaba yo con mi madre, ella me puso en su camino: un camino de amor y de admiración». Esa lectura de autores políticos tuvo su importancia y, sin duda, fue selecta aunque no tan amplia como la literaria. Costa o Ganivet, por ejemplo —junto con Zorrilla, Rubén Darío, Antonio Machado, Unamuno, Juan Ramón, etc.— fueron autores de preferencia. En la biblioteca de casa o en la del Círculo de Recreo de Valladolid lleva a cabo dicha dimensión lectora que durará a lo largo de toda su vida, pues «Nosotros hemos vivido los libros con verdadera pasión; han sido vida, de ninguna manera una cosa fría, libresca y superficial».

Por todo ello, la partida a Friburgo —justo en el momento tenso de la ejecución de Francisco Ferrer i Guardia, el fundador de la Escuela Moderna— tiene un significado impactante y político muy cercano. En la memoria del poeta se asociaba a las tertulias del grupo liberal vallisoletano que dirigía Santiago Alba y de las que Julio Guillén era coautor y partícipe muy señalado. La casa de los Guillén sirvió más de una vez como punto de referencia de reuniones, y la ejecución de Ferrer fue muy debatida. El contenido de la protesta europea, dirigida por Anatole France, sigue al joven Guillén a Friburgo y también a Italia, país que visita en 1910.

De vuelta a España, en 1911, continúa sus estudios universitarios en Madrid, que concluye en Granada en 1913. El componente intelectual tendrá una elección rigurosa y adecuada: la Institución Libre de Enseñanza. Guillén forma parte de la primera Residencia de Estudiantes —exponente de la España moderna y progresista— que dirigiera Alberto Jiménez Fráuz. Aquí conocerá a todos los grandes maestros del pensamiento y de la ciencia española: Santiago Ramón y Cajal, Ortega y Gasset, Unamuno, Menéndez Pidal, Juan Ramón Jiménez, Valle Inclán, Machado, Azorín, etc. Posteriormente, en la segunda Residencia de la calle Pinar —1915 a 1936—, formará núcleo con la mayoría de sus compañeros de generación. Su paso por la Residencia, amén de hacer realidad el viejo sueño de la burguesía liberal española, supone conectar con todo el potencial creativo que evoluciona el alma de una nación. Testigo de las zancadillas que el poder propinaba a la reciente institución, Guillén no sólo estudia y se relaciona, viene a ser incluso un puente entre Alba y Jiménez Fráuz en los preámbulos jurídicos y económicos que planteaba la puesta en marcha de la segunda Residencia de Estudiantes. Así se expresaba al respecto el propio Jiménez Fráuz en una carta fechada el 10 de junio de 1913: «Alba, a quien he escrito dando todos los datos de cómo marcha este asunto, me contesta por medio de Guillén que lo tomará con interés». El poeta posterior, ya octogenario, enfatizaba así este episodio vital:

¡Aquella Residencia de Estudiantes!
Esforzada tensión de juventud
Hacia un vivir más claro:
No se oía zumbido de tarea,
Libre fervor en soleada paz.

Una de las secuelas inmediatas de la Residencia se cifra en un krausismo solapado que no hizo mella en Guillén como tal movimiento, pero que ejerció la curiosidad suficiente como para residir en Alemania desde finales de 1913 hasta el 31 de julio de 1914, comienzos de la Gran Guerra:

24

Foto autógrafa de Jorge Guillén, con Pedro Salinas (en el centro)
y Dámaso Alonso, en la Residencia de Estudiantes durante la época
de la II República

«Entonces había, desde el punto de vista de la cultura, una orientación completa hacia este país por elementos que, después, fueron los enemigos de los que se convirtieron en germanófilos políticos». A su regreso a España, Madrid centra de nuevo la fase formativa hasta 1817, teniendo como lugares preferentes la Residencia y el Centro de Estudios Históricos dirigido por Menéndez Pidal.

Más, más... parece ser el resumen insaciable de esa actividad vital que, en todo tiempo y espacio, conduce a Guillén al riesgo y a la afirmación. Cualquier joven de su época se hubiera dado por satisfecho con el contenido de vida y formación que le había tocado en suerte a sus 24 años. Pero él no, pues había una incógnita que le impelía conocer la eclosión artística y cultural que convirtió a París en la capital de Occidente y en el imán de todo espíritu emprendedor. En 1917 obtiene un lectorado en la Sorbona y un año más tarde tenemos la primera noticia de un poeta nuevo llamado Jorge Guillén: «Llegué a París verdaderamente desorientado. Y salí de allí, seis años después, ya por mi camino: poeta, profesor, casado, padre». Desorientación que dura poco, pues la curiosidad primera se trueca en asimilación que vislumbra un particular rumbo poético. Aquellas luchas entre Breton, Eluard y Tzara nunca le importaron; el surrealismo, con su ímpetu arrollador, le llega pero no le seduce. En cambio, Mallarmé, Baudelaire o Valéry le fascinan por el carácter unitario de su obra y la construcción perfecta. Desde aquí surge también el destino como trasfondo diferencial que le lleva a preguntarse:

> *¿Y para qué nací yo?*
> *Para combinar palabras.*
> *¿Un juego? Del mundo en pro.*

Palabras y mundo en pro: réplica al juego formalista de Valéry a quien, por otra parte, le unía admiración y amistad pero no el mismo sentido de la poesía como elemento químico puro. «Cuando me dicen que yo he aprendido a hacer décimas en Valéry... ¡No, hombre! Yo he aprendido en el teatro Calderón de Valladolid escuchando la voz del actor Francisco Fuentes. A mí me interesaba de Valéry la elevación del tema y el rigor del estilo. Su contenido no me podía ser más remoto: escepticismo total, narcisismo, formalismo en la concepción.»

En el conocimiento y el estudio Guillén busca la diferencia para plasmar su propia tentativa poética. ¿Por qué tarda tanto en revelarse como poeta si lo era de nacimiento? ¿Simple timidez como apunta el mismo Guillén? Habría que añadir dos hechos concretísimos. El rigor en el estudio de los clásicos le convierte en un crítico de sí mismo, coincidiendo con Sartre cuando afirmaba que «escribir es escribir algo perfecto, es la idea clásica». Ello implica, además, madurez, relación con el pasado y visión del propio mundo. Y ello explica que cuando aparece *Cántico*, su primer libro, sea considerado ya un clásico de la literatura. El segundo hecho le empuja al poema con necesidad metafísica: en la playa de Tregastel —1918— conoce a Germaine Cahen, una señorita de París de amplia cultura literaria y musical. El tú —esencial monosílabo— ordena ya el ritmo y la construcción del cantar un año más tarde. *Cántico* se empieza a construir con un Guillén pletórico, en la *cima de la delicia,* y en el rigor de la criatura que ha de ordenar su relación porque

> *El mundo tiene cándida*
> *Profundidad de espejo.*
> *Las más claras distancias*
> *Sueñan lo verdadero.*

El poeta ha encontrado su centro: «Notaba que me salía una poesía afirmativa, que era de la vida. No de la vida burguesa. ¡De la vida!, de la naturaleza, del mundo». El mundo, por tanto, *está bien hecho.*

El 17 de octubre de 1921 se casaba con Germaine y un año más tarde nacía su hija Teresa, regresando a España en 1923: «Mi padre me dijo: "es mejor que vuelvas a España para que hagas el doctorado y puedas hacer oposiciones"».

El golpe de Estado de Primo de Rivera —13 de septiembre de 1923— y la muerte de su madre —17 del mismo mes— son hechos simultáneos. La familia Guillén sufre el acoso de la dictadura. Entonces las palabras de Esperanza Álvarez —*voz valiente*—, que tanto le repitiera de niño, cobran sentido poético y realidad enérgica:

> *¿El vivir sin cadena*
> *Ya es delito?*
> *La libertad ajena*
> *Necesito.*

Y a las palabras siguen las actitudes y los hechos: «Todos nosotros estuvimos en contra de la dictadura». Se doctora en Madrid —1924— y un año más tarde aprueba las oposiciones de literatura con destino de catedrático en la Universidad de Murcia. En el intermedio, había nacido Claudio en París, su segundo hijo. La actividad murciana no termina en las clases: *Cántico* se perfila en el retiro del Palacio Ordóñez de la calle Capuchinas. Juan Guerrero Ruiz —con quien comparte la fundación de la revista *Verso y prosa*— describe, maravillosamente, las horas situadas en las que: «El poeta quedaba por entero consagrado a su obra. A los poemas creados en la parisiense Rue de Alexandrie o en las playas sin sol de Normandía se iban uniendo otros que alcanzaban plenitud en la tranquila calle de Capuchinas, frente a los terrenos con vuelos de palomas sobre el fondo azul partido por la gallardía de la torre».

1927. Una generación: historia irrepetible. Pretencioso resumir su significado en dos líneas para salir del paso. Para Guillén, de principio a fin, se trataba de grandes amigos que resultaron grandes poetas y en donde nadie estorbaba a nadie: «Cada uno tenía y tiene su voz personal, que se afirmaba en la afirmación de los maestros y de los contemporáneos». Rechaza el liderazgo que la crítica le asignaba: «De ninguna manera. Éramos todos iguales».

Y a continuación *Cántico*, que aparece en diciembre de 1928. Para Guillén es *el sueño de la juventud*, para la crítica de entonces «la física de un gran poeta lírico» — Azorín. Un decreto cierra la Universidad de Murcia y Guillén consigue un lectorado en Oxford. Allí T.S. Eliot, Madariaga, serán algo más que referencias: dimensión lectora, amistad. A velocidad de vértigo: proclamación de la República, regreso a España con destino Sevilla, ruptura con Juan Ramón y los preliminares de la tragedia civil. Pero centrado en la obra sigue encontrando argumentos para la afirmación del ser:

¿Dónde extraviarme, dónde?
Mi centro en este punto:
Cualquiera. ¡Tan plenario
Siempre me aguarda el mundo!

Mientras haya vida

Hemos visto qué frágil —en vida y obra— resulta la argumentación de un Guillén químicamente puro. Trasvasar este resultado, como se ha pretendido, a hechos y actitudes de índole política o social es más que arriesgado. Supone la inexistencia de lo histórico —*proeza imposible*—, y negar el tiempo que justifica la plenitud de la aventura humana. Y es que el poeta nunca es un ser extraño, ni siquiera en la administración del mito —Aristóteles decía en la *Metafísica* que «el que ama los mitos es en cierto modo filósofo». Si al poeta le quitamos el asidero de lo humano, ¿cómo concretará su espíritu? Y si a Guillén le reducimos a una categoría atemporal mutilamos, de hecho, al hombre y al poeta. *Clamor* —segundo libro de Guillén— se subtitula, precisamente, *tiempo de historia*. ¿Como oposición a *Cántico* que es *fe de vida*? No hay tal porque ahora el ser atiende a su propia historia: la minúscula y la genérica. El poeta es y está. Que el plan de la obra no corra a la par de los acontecimientos políticos es otra cosa. No olvidemos que Guillén, antes de la guerra civil, publica la segunda edición de *Cántico* y prepara la ampliación de la tercera. ¿Por qué sigue haciéndolo? Porque, a pesar de todo, seguía teniendo argumentos para afirmar el ser. Y a pesar de todo, ¡ay!, la tragedia general y la propia:

Está sufriendo el hombre
Con un dolor que nunca se merece.

29

La guerra le sorprende en su destino sevillano. Sabemos que Guillén nunca fue un político ni militó en partidos: «Soy un demócrata liberal que deriva hacia un cierto socialismo». Aunque estas son declaraciones hechas a la vuelta del exilio, sintonizan con la praxis preliminar a la guerra. Su caso fue el de tantos intelectuales de la época que, provenientes de la Institución Libre de Enseñanza, se opusieron a la dictadura y apoyaron la causa republicana. La amistad con Azaña es un dato literario y personal que no supone militancia, pero sí una actitud inconfundible.

Desde la primera noche que el general Queipo de Llano toma Sevilla, comprende por experiencia qué suponía una guerra civil: eliminación sistemática del contrario. El terror y la repugnancia le hacen tomar precauciones: duerme en casas de amigos poco señalados, espacia sus apariciones en público, evita hablar de los acontecimientos. No podía hacer otra cosa un intelectual señalado. Ciertas visitas al domicilio predicen futuros interrogatorios y decide evitar ante los hijos ese trance: «Vi en seguida que no podría tragarme aquello. Una dictadura no se piensa, una dictadura se traga o no se traga: es cuestión de tragaderas. Decidí de inmediato que no me podría quedar».

Aprovechando la excusa de cierto compromiso académico en Pamplona, Germaine consigue pasar a Francia con sus hijos. Regresa y entonces detienen al matrimonio. Los pases de frontera y la actitud pasiva de Guillén —fotografías de actos— deciden su encarcelamiento bajo la acusación de espías: «Cada noche que pasaba era muy difícil soportarla porque era más fácil matar que no matar. Pero matar a un español no tenía importancia. Que un español mate a otro español es un acto patriótico». Por mediación de Víctor Navarro —«profesor de mis hijos en el Instituto-Escuela»—, Julio Guillén se entera del encarcelamiento de sus hijos y mueve todas sus influencias vallisoletanas —muchas y muy valiosas— hasta conseguir la excarcelación.

Poco mejoran las cosas para el poeta en Valladolid. El duelo por Federico —*criatura extraordinaria*— colma la angustia de aquel septiembre del 36: «Yo le dije a don

Jorge Guillén poco antes de la Guerra Civil

Federico García: "Mire Ud., si hay un solo español que se salve, será Federico"». Incidentes esporádicos con algún falangista de Valladolid, unido al clima de represión que alcanza a su padre —sufre en el casino un simulacro de fusilamiento—, estrechan el cerco. El poeta ve secuestrado su propio aire: impotencia, fracaso general de historia.

> *Fracasó la Monarquía,*
> *¡Ay!, fracasó la República,*
> *Fracasó toda la Historia*
> *De España en aquella furia*
> *Final. ¡Oh guerra civil*
> *En demoníaca yunta!*

«Tienes que quemar las cartas de Azaña», le ordenó una noche don Julio. Se resiste a deshacerse de aquella correspondencia con argumentos baladíes: «Y si aquí le quitara la firma...», se decía. «Pero no, hay un registro y me muero de susto. Porque por una carta de Azaña le fusilaban a uno varias veces... Total, que me declaro culpable de haber sido, por una vez, inquisidor, de haber condenado textos a la hoguera.»

La vuelta a Sevilla —hacia una pretendida normalización de sus tareas docentes— equivale a esa estampida del miedo que empuja a la víctima hacia adelante. La adhesión inquebrantable que exigía Queipo de Llano a todo funcionario no la obtuvo de Guillén en ningún momento, a pesar de que *el gran poder arraiga en muchos miedos*. Ahora, más que nunca, el poeta es un hombre vulnerable: preguntas sobre su encarcelamiento, visitas de uniformes, incoación del expediente académico y la depuración posterior, el recuerdo del amigo asesinado, y para colmo las noticias del encarcelamiento de su padre —por breves días— en las célebres cocheras de Valladolid.

En una de aquellas visitas de cortesía —muy sutilmente al principio— un comisario ilustrado le entrega el proyecto de Claudel sobre *La persécution religieuse en Espagne*. La sutileza termina en orden de traducción. Guillén lo hace, sencillamente, porque su vitalismo —aun dentro del terror— excluye la vocación de suicida, y hace propias las palabras de Claudel cuando decía en su alegato: «Nos ponen el cielo y el infierno en la mano, y tenemos cuarenta segundos para elegir». El 29 de octubre de 1937 la falange sevillana publicaba la traducción «A los mártires españoles». Entonces y ahora, comisarios de la pureza han manejado este dato con pretendida ambigüedad y han querido descubrir lo que nunca hubo, pues los hechos contradicen las medias tintas. Guillén jamás ocultó este dato, existen incluso dedicatorias significativas hechas para la posteridad. En ellas, el poeta rechaza, visceralmente, lo que en condiciones normales nunca hubiera traducido. Y ese es su derecho: el mismo que no pudo ejercer a punta de pistola. Cuando lo importante era sobrevivir, aplicar criterios políticos a quien, como en este caso, no los tuvo, es caer en la simplificación y en el manejo gratuito de la historia.

¿Qué le quedaba a Guillén? Los amigos y salir como fuera de aquella pesadilla. Y amigos de verdad amortiguan los efectos de la historia negativa:

> *Amigos. Nadie más. El resto es selva.*
> *¡Humanos, libres, lentamente ociosos!*
> *Un amor que no jura ni promete*
> *Reunirá a unos hombres en el aire,*
> *Con el aire salvándose. Palabras*
> *Quieren, sólo palabras y una orilla.*

A principios del 38 decide autoexiliarse y pide «los documentos necesarios para irme de España. En Sevilla me los dieron. Pero faltaba uno: el pase de frontera. Un documento clave que había entonces. Como no me lo daban, fui a Pedro Sáinz Rodríguez, que había sido un buen amigo —era entonces Ministro de Educación, luego estuvo en seguida en contra de Franco—, y le pedí el documento en cuestión. Fue a un consejo de Ministros, se lo sacó a Martínez Anido y me lo trajo».

En julio del 38 —«no me acuerdo bien si fue el 8 o el 9»— cruza la frontera con destino a París para reunirse con sus hijos. Atrás quedaba el infierno de una guerra fratricida con preguntas y respuestas:

Jorge Guillén con un grupo de alumnas del Wellesley College (EEUU)

> *¿Crímenes en cada bando?*
> *De diferente sentido:*
> *Hacia un pasado bramando,*
> *Al porvenir dirigido.*

Al fondo —a sus 45 años— un porvenir incierto al que hace frente del único modo que sabe: recurriendo al legado de salud que le transmitieron y que él reafirma con la fe en la vida y en el destino humano. Inútil negar la historia: está ahí bien asumida, y por negativa que ésta sea no doblega la afirmación del ser. Que, accidentalmente, se imponga, como seguiremos viendo, no implica en Guillén entrega. Inexorablemente, el destino del poeta es *emerger de catástrofes*.

La estancia en París dura poco. A comienzos del nuevo curso ya se encontraba en la universidad americana de Middlebury. Un año más tarde, durante el curso 1939-40, su destino será la universidad canadiense de MacGill, en donde organiza el Departamento de Lengua Española. La familia se recompone en Canadá y el poeta recupera, con distinto tono, el impulso de la obra. Pedro Salinas —*el amigo perfecto*— le recomienda el retorno a EE.UU, a Wellesley College: universidad femenina del estado de Massachusetts, selecta y tranquila. Aquí se jubilará en 1957.

El tiempo se para en Wellesley para perfilar las sucesivas ediciones de *Cántico* —1945 y 1950—, que va decantándose como un decurso jubiloso de las edades del poeta. El amor, el paisaje, la palabra —aunque «no tenía a mi alrededor, la atmósfera de mi lengua»— atenúan el rigor de la historia y halla paralelismos felices:

> *Me acumulo en mi ser,*
> *Logro mi realidad.*

La vida-historia va a desgajarse, otra vez, del plan de la obra. Estudios de los hijos, guerra en el viejo continente, matrimonio de Teresa, y —tras larga enfermedad— la muerte de Germaine en París en octubre de 1947: «Me quedé solo. Solo. Verdaderamente solo»:

Despierto y como no estás,
No me suena el mundo a mundo:
Nunca a solas hay compás.

La lucha contra la nada no tuvo descanso en los años subsiguientes. Lo cotidiano —trabajo, creación, los amigos, la compañía de los hijos— ahuyenta el fantasma de la soledad: «¿Quedarme yo solo conmigo? ¡De ninguna manera!». Y así, con la afirmación, *Cántico* se encamina hacia su recta final, pues

Volver a respirar
Es la delicia humilde.

Don Julio Guillén enferma y su hijo, de incógnito, le visita por última vez en Valladolid —verano de 1949. *Clamor* —que ya era un apunte— en este viaje descarga todo su contenido histórico y crítico. Aparentemente, las fuerzas negativas se adueñan del hombre: guerras, dictaduras, opresión, catástrofes nucleares, muerte. El ser elemental de *Cántico* —ubicado en un mundo perfecto y de natural armonía— ha desarrollado su propia historia y la ajena. El balance ahora es negativo porque el mundo creado por el hombre *está mal hecho*. Los ejemplos se multiplican: consolidación de la dictadura en España, muertes del padre y de Pedro Salinas —1950 y 1951—, el maccarthismo desata en USA la caza de brujas, etc. Pero ya sabemos cómo justifica Guillén la existencia: negando la nada y en solidaridad con el ser. *Cántico sobre Clamor*. Nietos que nacen, cursos, viajes, amistades, y la jubilación oficial que trae el amor a los 65 años. Conoce en Florencia a Irene Mochi Sismondi. Al dedicarle aquel ejemplar... «¿Cómo se llama Ud? —Irene». Hasta la muerte, el amor se trenza en cotidiana realidad:

Ya tu boca está dispuesta
Para el beso.
Ven. En tu armonía ingreso.
Somos fiesta.

Jorge Guillén con su padre y sus hermanos Jesús y José, en 1949

Jorge Guillén con su esposa Irene. Málaga, principios de los ochenta

Ya se acortan las tardes

El conocimiento de Irene y el posterior matrimonio en 1961 cambia la vida y el ritmo creativo de Guillén: «El que no sepa qué es amor pierde el tiempo en este planeta». *Clamor* y *Homenaje* —su tercer libro— se inician en 1949 y se terminan con tres años de diferencia. El proceso cronológico de ambas creaciones dura 17 años. Se diría que el poeta acelera el tiempo si lo comparamos con los 30 que duró *Cántico*. Esta aceleración existe: el poeta ve que el proyecto de obra se retarda mientras los días pasan velocísimos. La admiración jubilosa del *Cántico* inicial, la historia negativa y positiva de *Clamor* desembocan, orgánicamente, en *Homenaje, reunión de vidas*. «La admiración se extendió más en este tercer libro. Admiración a paisajes, a hombres, a amigos, a figuras, pero también a libros y al pasado.»

Cambridge sigue siendo la residencia de Guillén en EE.UU. La jubilación oficial no concluye la actividad docente. El magisterio americano de Guillén es uno de los más fecundos y ejemplares de la España exiliada. Así le recordaban sus compañeros de Departamento en Wellesley: «Todos los que asistieron a las clases y conferencias de don Jorge, y los que fueron presentados a él, saben que Wellesley College le recuerda no sólo como el poeta de la claridad y la elegancia, sino también por sus profundas cualidades humanas, su interés por todo lo que le rodeaba y su entusiasmo por los otros. Su palabra en Wellesley es testimonio del poder de la integridad y la inteligencia en una época de caos y el poder de la esperanza en una época de alienación».

Una caída en el campus de la Universidad de Puerto Rico —1970— clausura la actividad docente guilleniana: «Yo tenía ya 77 años y renuncié a los cursos que me ofrecían. Aquel episodio de la pierna se combinó con la vejez. ¡Así es la vida!». *Y otros poemas* —su cuarto libro— viene a desdecir la despedida final de *Homenaje*:

> *Hemos llegado al fin y yo inauguro,*
> *Triste, mi paz: la obra está completa.*

La vida y la obra —paralelas siempre— se prolongarán durante 16 años más. El humor, la reflexión ética, la crítica, las aclaraciones —junto a la constante afirmación humana— explican la geología de los últimos libros —*Y otros poemas, Final*—. «Uno se indigna, se entusiasma, se entristece. Pero si uno no se riese, ¿cómo se podría vivir en sociedad? Quien se ríe, relativamente, domina la situación.» Con esta distancia del teatro del mundo, el anciano somete ahora al tiempo a categorías de práctica vivencial pero sabiendo que

> *Sin un verdadero amor,*
> *Sin un quehacer verdadero,*
> *La historia no justifica*
> *Nuestro paso por la Tierra.*

Los reconocimientos internacionales llegan a partir de 1975: Italia, Bélgica, EE.UU, etc., premian su labor. España vive las últimas jornadas del franquismo, y Guillén es tan sólo una página expurgada en los textos oficiales. La censura crea un foso impermeable entre *Cántico* y el resto de la obra guilleniana. Secuela ésta que hizo relativa fortuna, pues para muchos —aun hoy en día— Guillén es el autor de *Cántico* y no el de *Aire nuestro* —título genérico que engloba los cinco libros del Guillén total y orgánico. A la muerte de Franco sigue el reconocimiento de la España oficial: en 1976 se le concede el primer Premio Cervantes. Guillén hace las maletas instalándose en Málaga a partir de 1977. El exilio había terminado: «Lo mío no fue exilio, fue destierro. Esa es la palabra exacta. Fueron motivos estrictamente políticos». La entrega de aquel Premio Cervantes no tuvo la solemnidad que después tendría. Ni Rey, ni ministros o autoridades relevantes estuvieron presentes: «Aquella fue una ceremonia de transición». Y al Cervantes siguen otros reconocimientos y homenajes. En la memoria del poeta hay dos que le llevan al agradecimiento y a la melancolía: el de su ciudad natal en 1982 y el de Málaga, un año más tarde ya nonagenario:

Acto de entrega del Premio Academia dei Lincei, Roma, 1977.
Claudio Guillén recoge el premio en nombre de su padre

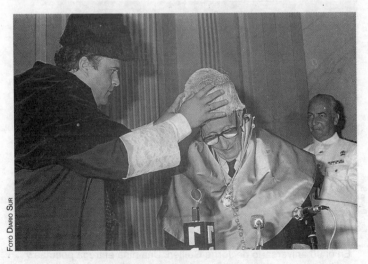

Foto Diario Sur

Jorge Guillén es investido doctor «honoris causa» por la Universidad
de Málaga. 26 de junio de 1981

Jorge Guillén con el alcalde de Málaga, Pedro Aparicio Sánchez, y el alcalde de Valladolid, Tomás Rodríguez Bolaños, en la celebración de su 90 aniversario

En el 90 aniversario de Jorge Guillén. Una niña entrega poemas y dibujos realizados por chicos de diversos colegios de la ciudad

> *Le abruman tantos honores*
> *Que los ve como señales*
> *De sus propios funerales.*
> *¡Cuántas coronas de flores!*

A pesar del cansancio físico, el Guillén último no dimite de su relación con el mundo y los seres. Es el mismo de *Cántico*: *más, más*. Vive atento a la circunstancia. Aquellos años de transición —dramática en muchos casos— alientan la esperanza y la solidaridad del anciano: «Se está acabando el siglo XX, que ha sido un siglo abominable, un siglo de tiranía de la derecha, de la extrema derecha y de la extrema izquierda. Tiranía digo, y no dictadura, que me parece una palabra más blanda... Hay razones para tener esperanza, que sin ella no hay vida. Ser pesimista es colaborar con la reacción».

Los interrogantes trascendentes sobre Dios y la muerte —repetidos a lo largo de la obra— no cambian en este Guillén postrero. Su fe religiosa se perdió para siempre en los meandros de la infancia, pero su cristianismo agnóstico funciona siempre como contexto espiritual irrenunciable: «Procuro que nunca se me confunda ni con el ateo en general, ni con el ateo marxista en particular. No, de ninguna manera». En cuanto a la muerte —lejos antes y ahora tan cerca—, la conjura con vida y aferrándose a lo que él llamaba *sucesiones de viviente:*

> *No te entristezca el muerto solitario.*
> *En esa soledad no estás, no existe.*
> *Nadie en los cementerios.*
> *¡Qué solas se quedan las tumbas!*

A los 91 años moría Guillén en su Málaga adoptiva. Un largo espacio de vida sometido al ritmo constante de la historia y al de una creación coherente y fecunda: Amor, Poesía.

Jorge Guillén en la entrega del Premio Cervantes. Universidad de Alcalá de Henares, 23 de abril de 1977

Jorge Guillén con su familia en la Universidad de Alcalá de Henares, con motivo de la entrega del Premio Cervantes

Discurso de Jorge Guillén
en la entrega del Premio
Cervantes 1976

La presente situación, abrumadoramente honrosa, pesa mucho sobre los hombros del premiado. Estas palabras, Miguel de Cervantes, Alcalá, Universidad de Cisneros, forman un bloque abrumador. Por fortuna, al premiado le distingue una especialidad: la acción de gracias, y en seguida comienza expresando su profunda gratitud a quienes le han concedido este increíble Premio.

Un Premio literario irrumpe siempre como una sorpresa. ¿Y si es merecido? No importa. El merecimiento no se impone de modo absoluto. Hay siempre otros legítimos candidatos. Si no se entromete la vanidad, el galardón cae del cielo con fuerza inesperada. ¿Como un maná? Eso implicaría milagro. Y aquí no existe milagrería sobrecogedora. No sería justo comparar la obtención de un Premio a una lotería. En el certamen no se entra con un décimo en la mano. ¿Entonces? No pensemos en el azar, ni siquiera en algún «seguro azar» —como dijo el poeta—. A este resultado, de aspecto celeste, se llegará en torno a una mesa de personas doctísimas tras una deliberación. De ahí el carácter honroso del Premio y la gran satisfacción del elegido.

Gratísima sorpresa, y, más aún, en este siglo que nos ha tocado gozar y padecer. Todos los oráculos coinciden: la historia desemboca en una realidad que se reduce a dos culminaciones: economía y política. El *resto* —bien nos lo han repetido— queda al margen, en posición subalterna de «escasa realidad». Así vivimos: entre las furias de los negocios y las furias de los poderes. Sin embargo, en la sociedad actual se mantienen todavía instituciones generosas que prestan atención a ese precario *resto*: ciencias, artes, espiritualidad.

He aquí este premio de nombre tan ilustre. Henos en este hermoso Paraninfo. Ningún lugar más adecuado. No es menester ir a Delfos, junto al Monte Parnaso y la Fuente Castalia, ni trasladarse a Roma, al Capitolio. El «laureatus in Urbe» dice aquí, en este Alcalá cervantino, cuánto le conmueve que una obra poética, llevada a término durante medio siglo, sea ahora tan halagüeñamente reconocida. Y mucho le importa, asimismo, que en la ardua transición política de nuestro país este momento, este Paraninfo, signifiquen un acto de concordia, ya definitivamente superada la guerra más cruel. Y poesía es ahora —como ha sido siempre para este poeta— un símbolo de esperanza.

Guillén por Guillén
(El poeta y su poesía)

Francisco J. Díaz de Castro

Jorge Guillén, hombre siempre generoso, respondía a todas las cartas y concedió múltiples entrevistas. En ellas, con tanta ironía como espontaneidad y coherencia, perfiló vivencias y retratos, manifestó sus ideas sobre la poesía y la realidad, sobre el pasado de España y su presente más inmediato, y se definió sobre cuestiones muy diversas: el lenguaje, la poesía, la cultura, la vida, la religión, la política, el amor, la amistad, la propia muerte.

En las páginas que siguen he ordenado bastantes de sus respuestas a varias entrevistas periodísticas relevantes, cuidando de respetar la rotundidad de sus opiniones, los quiebros de su ironía y los distintos matices expresados en cada ocasión respecto a ciertos temas básicos de su ética y de su poética. Para que el conjunto sea lo bastante representativo, se añaden algunas definiciones y aclaraciones tomadas de los abundantes escritos en prosa. Sin embargo, el objetivo de este montaje de respuestas de Jorge Guillén es complementar las obras teóricas y autoexegéticas del poeta, así como ofrecer una imagen espontánea, por lo que no se insiste en los comentarios específicos a Aire Nuestro, *tan explícitos en* El Argumento de la Obra *y en las introducciones del poeta a diferentes antologías.*

* * *

Jorge Guillén en su casa de Málaga, a principios de los ochenta

Los orígenes

Comienzo tardío. ¿Y por qué? Pues por timidez. Yo no me atrevía, me formaba una idea tal de la poesía que yo me preguntaba: ¿Pero yo también poeta? Y, por fin, a fuerza de ganas, escribí un poema —el primero—, en mayo de 1918, que era una simple imitación de Rubén Darío, el poeta de lengua española que entonces yo más había leído entre los contemporáneos. Era una imitación de aquello de «Juventud, divino tesoro»... Recuerdo el primer verso: «Primavera, rubia caricia». Desde entonces, he seguido escribiendo cada día más.

Desde mi juventud me sentía poseído por la poesía, pero no me atrevía a escribir. A veces decía a mis amigos: «Lo daría todo por escribir un libro de versos». No imaginaba yo el libro como una serie de textos mezclados caprichosamente, sino como una unidad orgánica, como un edificio. Desde un principio me fascinó la construcción rígida de *Les Fleurs du Mal,* de Baudelaire. Poco a poco, y sin que al principio tuviera conciencia de ello, mi obra se ha organizado de la misma manera. Más adelante, mucho más adelante, supe que Walt Whitman pasó por una experiencia semejante con sus *Hojas de Hierba.* Estos son para mí dos ejemplos supremos de la organización de una obra poética en un solo libro.

—*Paul Valéry:* Conocí a Valéry en París, hacia 1921 o 22 (...). Iba a su casa por la mañana, sin previo aviso. Y allí, pues... había un momento de conversación muy sencilla, muy familiar. Tenía mucho encanto personal Valéry. Su obra en verso se llama *Charmes,* pero, bueno, el que tenía el *charme,* ante todo, era él. En efecto, traduje *Le Cimetière Marin.* A Valéry le gustó. Él sentía y entendía el español desde la lengua italiana, la de su madre, que a él le era familiar. Y me escribió una carta, que yo guardo, en que me decía: «*Je m'adore en espagnol*». A mí me interesaba Valéry por la elevación del tema y el rigor del estilo. Su contenido no me podía ser más remoto: escepticismo total, narcisismo, formalismo extremo en la concepción —en la concepción, no en el poema— (...). Su obra fue para mí un estímulo, tanto por el rigor de la forma como por la elevación del asunto.

—«*Deshumanización.*» «*Poesía pura*»: Jamás hemos pretendido que la poesía hubiese de ser sólo un ejercicio intelectual del que estuviese excluido el corazón. Esta es también la razón de que yo proteste con todas mis fuerzas contra la fórmula aconsejada por Ortega y Gasset: *deshumanización del arte.* La poesía como tal es forzosamente humana. ¿Cómo no habría de serlo? Quizás hayan existido la poesía inhumana o la poesía sobrehumana; pero un poema «deshumano» constituye una imposibilidad física y metafísica.

Si pura implica intelectualismo o frialdad, entonces es lo contrario de mi poesía, y el que lo diga, no me ha leído. Poesía pura quiere decir una cierta elevación, un cierto rigor, un cierto cuidado: eso sí, pero nada que pueda significar una disminución de la vitalidad —que a eso se llama deshumanización—, o que se diga que un intelectualismo frío. Poeta puro... era expresión de Valéry. Pero yo soy muy distinto a Valéry.

—*Fragmentos de una carta famosa*

Valladolid, Viernes Santo, 1926.

Mi querido Vela: ¡Viernes Santo! ¿Cómo hablar de poesía pura, en este día, sin énfasis? Porque lo de *puro,* tan ambiguo, con tantas resonancias morales, empuja ya al énfasis, a la confusión y a poner en la pureza todos los «Encantos de Viernes Santo», como ha hecho el abate Brémond, cuyo punto de vista no puede ser más opuesto al de cualquier «poesía pura», como me decía hace pocas semanas el propio Valéry.

No hay más poesía que la realizada en el poema, y de ningún modo puede oponerse al poema un «estado» inefable que se corrompe al realizarse y que por milagro atraviesa el cuerpo poemático: lo que el buen abate llama confusamente «ritmos, imágenes, ideas», etc. Poesía pura es matemática y es química —y nada más—, en el buen sentido de esa expresión lanzada por Valéry, y que han hecho suya algunos jóvenes, matemáticos o químicos, entendiéndola de modo muy diferente, pero siempre dentro de esa dirección inicial y fundamental... Poesía pura es todo lo que permanece en el poema después de haber eliminado todo lo que no es poesía. *Pura* es igual a *simple*, químicamente.

Como a lo *puro* lo llamo *simple*, me decido resueltamente por la poesía compuesta, compleja, por el poema con poesía y otras cosas humanas. En suma, una poesía «bastante pura», *ma non troppo,* si se toma como unidad de comparación el elemento *simple* en todo su inhumano o sobrehumano rigor posible, teórico. Prácticamente, con referencia a la poesía realista, o con fines sentimentales, ideológicos, morales, corriente en el mercado, esta «poesía bastante pura» resulta todavía, ¡ay!, demasiado inhumana, demasiado irrespirable y demasiado aburrida. Pero no terminaría nunca. Aquí lo dejo.

— La *«Generación de la amistad»:* Éramos amigos, y con una comunidad de afanes y gustos que me ha hecho conocer por vía directa la unidad llamada generación... Allí cada uno tenía y tiene su voz personal, que se afirmaba en la afirmación de los maestros y de los contemporáneos. En contra de lo que sucede generalmente, no hemos sentido la necesidad de renegar de nuestros predecesores inmediatos o más remotos. El parricidio ritual no fue necesario. Admirábamos sin reservas a Machado, Jiménez y Unamuno... En realidad, nuestras raíces se hundían en el pasado más remoto: Berceo, el Romancero, Gil Vicente, todo el Siglo de Oro. Y no solamente cuando se trata de los poetas profesores, como Pedro Salinas, Gerardo Diego, Dámaso Alonso y yo, lo que sería normal, sino también cuando es cuestión de los más antiuniversitarios.

Mis compañeros de generación continuaron su propio camino con su pluma, participaron en la vida común y dieron a la poesía el sesgo social cuando cada uno lo creyó pertinente. Lo que no sucedió —como se figuran ciertos historiadores— es que los unos fueran vencidos por los otros en la lucha política, y acabase por triunfar el clarín de la calle. ¡Politización! Se aplicaba el esquema de lo popular fácil opuesto a lo exquisito difícil. Así se escribe mal la historia.

Sólo nos unen las tendencias comunes, la voluntad de

elaborar una poesía que una al rigor del arte la intensidad de la creación. He aquí por qué hemos rechazado siempre el realismo y el sentimentalismo, y hemos condenado este último como la peor de las obscenidades. Para nosotros la poesía no podía ser ni descripción ni efusión... Por el contrario, hemos tratado de crear de nuevo la realidad, uniéndola al sentimiento, sin el cual no puede haber poesía.

Nosotros seguimos siendo amigos, nunca hubo pequeñeces que echaran a perder la amistad. Por eso, cuando me ha preguntado algún periodista majadero qué me parecía el premio Nobel a Vicente Aleixandre, yo he contestado, perplejo: «Es un amigo de toda la vida, un amigo entrañable. Me he alegrado mucho».

Mi gran amigo fue Salinas... Fue mi hermano mayor. Me hice más amigo suyo desde que leyó mis versos. Nadie se hubiera alegrado como él de ver mi obra cumplida. Fue un gran novelista, un gran poeta, un gran dramaturgo. Buenísimo para la crítica. Pedro, siempre con una conversación amena, brillante. Armónico. Jamás tuve una voz con él. Pedro era un gran diplomático, lo que no es mi caso. Siempre he dicho: «qué gran diplomático se perdió España» [...]. Se quitaba un año, incluso delante de mí. Nació en 1891 y él aseguraba que había sido en el 92. Todavía no comprendo por qué...

Federico tenía una genial simpatía. Yo he dicho que los tres grandes autores de simpatía profunda que hay en la literatura española son Juan Ruiz, arcipreste de Hita, Lope —¡lo que yo siento no haber tomado café con Lope!— y Federico García Lorca.

Los componentes de una poética

—¿Ser poeta? Realizar mi destino: el don que iba revelándose

Yo no sé qué es la poesía y su definición general no me interesa. Me basta con saberlo intuitivamente, con las manos, con el olfato, con el instinto. Dios me libre de un

Partitura de *El Manantial,* de Luis de Pablo, obra estrenada en 1982, en Valladolid, con motivo del homenaje de la ciudad a Jorge Guillén

programita con sus fórmulas bien perfiladas para uso de poetas jóvenes... Hay quienes tienen en el bolsillo la clave de la poesía inminente. ¡Felices ellos! ¡Y que Dios les conserve la vista! Yo escribo como Dios me da a entender, hago lo que puedo, sin consultar el programita.

Por el aire establecemos nuestra relación con el mundo. Único tema de toda esta tentativa poética es la relación del hombre con esos alrededores. ¿No será tal vez el argumento capital de toda la literatura? Importa más el mundo que el sujeto. Aquí no se retrae hacia la vida interior. En otro poema se dice: «El mundo es más que yo». De ahí la importancia de la acción respiratoria.

El sentimiento amoroso es la raíz de mi poesía: amor, amistad, entusiasmo, admiración, movimiento siempre hacia el prójimo y el mundo. Amor en sentido estricto a la mujer es asunto principalísimo; claro que los varios poemas eróticos son siempre amorosos: amor completo.

«Somos, luego valemos.» De esa especie de *cogito* —intuición, no idea en su origen— se derivan *Cántico* y todo *Aire Nuestro*. Nos despertamos, somos, somos juntos. El hombre surge así, copartícipe de un valor universal, y su parte será siempre más pequeña que la del otro. No ha lugar el engreimiento del yo. La originaria intuición no la siente sólo el dotado de ciertas prerrogativas. No hay aquí trance místico. Ninguna experiencia más normal.

El poeta, portavoz y portaconciencia, tiene algo que decir en medio del tumulto. Es fatal que la poesía contemporánea exprese a menudo las inquietudes colectivas. Toda exclusión previa, por otra parte, de asuntos o de formas, iría a contracorriente de la gran Historia Humana, cuyo necesario avance se opone a todo angostamiento dogmático. Algunas almas juveniles, nacidas en circunstancias penosas, contemplan sólo un horizonte sombrío y no quieren salir de sus celdas de prisioneros. El antiguo conflicto entre el arte y la moral aflige a estos jóvenes dolientes, que no «cantarán» sin remordimiento la rosa o la primavera. También estos mozos puritanos saben que la rosa y la primavera son asuntos tan vivos hoy como en cualquier otro momento. Las vicisitudes del siglo II no han sido un obstáculo para que el poeta latino nos haga sentir la seducción primaveral, idéntica a la de hoy: *«Rura fecundat voluptas»*.

La musa «sopla, se impone y rige». Yo creo en la inspiración, y era ingenuo pensar que la obra podía estar acabada, en tanto la «fuerza mayor» no dejara de impulsar a la mano que traza los signos. Entiendo la inspiración como algo que no viene del razonamiento. Aunque siempre he procurado evitar la irracionalidad del surrealismo. En fin, la obra no acaba mientras haya vida. Mientras exista la facultad de escribir, lo difícil es no seguir escribiendo.

La poesía no requiere ningún especial lenguaje poético. Ninguna palabra está de antemano excluida; cualquier giro puede configurar la frase. Todo depende, en resumen, del contexto. Sólo importa la situación de cada componente dentro del conjunto y este valor funcional es el decisivo. No hay más que lenguaje de poema: palabras situadas en un conjunto.

El nacimiento del poema puede ser variadísimo. Cualquier sensación física, cualquier impresión social, una idea que se le pasa a uno por la mente, el recuerdo de lo que hemos vivido, una emoción profunda. Lo importante es la transformación que realice el poeta con ese impulso inicial. Siempre se parte de una experiencia, que puede ser la luz que he percibido hoy, el paisaje que contemplé ayer, el encuentro con una persona que me ha indignado... Ahora, tratando siempre, no de hacer cosas individuales, sino tendiendo a buscar un elemento general, ya que se escribe para un lector.

Importa la relación con el lector, con el crítico. El poeta de *Aire Nuestro* se dirige siempre, desde la soledad de su pluma, a un lector. Sin él no se llegaría a realizar el acto literario.

Yo me dirijo a un lector, basta con uno; aunque si son muchos, mejor. Un poeta ruso me dijo que él escribía para ocho millones de personas. Para mí, con todos los respetos, eso es una barbaridad.

—*El vitalismo:* Notaba que me salía una poesía afirmativa. Que era de la vida. No de la vida burguesa. ¡De la vida!, de la vida, de la naturaleza, del mundo. Que no tenía tendencia a buscarme a mí solo en soledad.

Optimismo. Este autor detesta el término «optimismo». «Optimismo» y «pesimismo», ausentes del vocabulario de *Aire Nuestro*, constituyen teorías, opiniones. No son acción vital. Este sentimiento de esperanza es tan elemental como el aire en los pulmones.

Dominio personal del hombre, no poder social. Hay que entrar en el mundo y no quedarse fuera, o no quedarse derrotado, o peor —como algún exquisito—: ser un derrotado de nacimiento.

El sentido de mi obra es el universo. La vida, no la metafísica, no la vida interior, sino la vida con todas sus manifestaciones. Siento la vida. Hay quienes parece que no tienen nada que decir si no se sienten desgraciados. Yo tengo un especial oído para la vida, escucho su armonía y me adhiero a ella. Por eso a veces en un momento de plenitud percibo esa música y me promueve un sentimiento de adhesión. Por eso *Cántico*. *Fe de vida*.

La exaltación de la vitalidad, ¿qué actitud política expresa? La pregunta es sólo comprensible en un ambiente de extrema politización. En *Clamor* esta actitud política se manifiesta de modo capital y con reiteración clara: en favor de la libertad, contra las dictaduras, contra las guerras, contra la preocupación de la guerra atómica, en favor del movimiento estudiantil, etc. Entonces, ¿cuál sería la objeción política? Nuestra política es inseparable de nuestra ética.

—*La realidad:* Lo que me interesa es el mundo, las cosas, los otros. Quedarme con mi soledad, interesarme por mi vida, eso no me ha ocurrido, a no ser en relación con otras personas. Repito que a mí quedarme a solas con mi alma es una cuestión que no me importa. No me importa mi soledad, sino que me importa la compañía, muchas veces grata y otras no grata, pero la compañía del mundo, de las cosas, de los amigos, de la sociedad.

Mire usted: este mar que vemos ahora no me interesa como especulación. Me interesa como contacto y como impresión. Es tan imponente en sí mismo que no necesita presentaciones. Se hacen, sí, necesarias una serie de relaciones vitales. Esto no puede explicarse con facilidad sin una breve reflexión. Mi madre me decía cuando era niño: «¡Mira!». Y ese es el quid, miro este mar, respiro, y se me aparece con toda su inocencia. Admiración. Admiración hacia la Naturaleza, las cosas, las relaciones del espíritu.

—*El humor*: A veces la ironía se une a la admiración. Este humorismo existe ya en *Cántico*, y los volúmenes posteriores lo desarrollan más y más.

El humor, *the sense of humour,* son dones naturales, en mayor o menor grado, del hombre. En mí han ido aumentando, con el pasar del tiempo, con la experiencia. Uno se indigna, se entusiasma, se entristece. Pero si uno no se riese, ¿cómo se podría vivir en sociedad? Quien se ríe, relativamente, domina la situación. Yo algunas veces he pensado que, si los hombres viviésemos dos siglos, en mi segundo siglo yo habría aspirado a ser actor cómico.

Un crítico escribió que, encontrándose deprimido, doliente, leyó *Cántico* y le sentó muy bien. Y añadía: «Recomiendo su lectura». Como si fuese un libro que debiera venderse en las farmacias. ¡Qué le vamos a hacer!

—*El compromiso:* La parte crítica. El contacto con la realidad, por de pronto físico, intuitivo con su arrastre de sentimiento, implica también inteligencia que juzga. Podría llamarse juicio vital. Algo se acepta o se rehúsa más o menos, y frente a la realidad inmediata. ¿Una actitud moralizante? Más bien un sentimiento de la vida. Hay acuerdo o hay desacuerdo. Ese instante crítico no es función posterior, sino del proceso mismo del vivir. Crítica que puede ser grave o leve. Hay drama, hay comedia también.

No soy hombre de partido. No porque no tenga opinión. Tampoco soy un solitario. Soy un solista, que es distinto... Soy un demócrata liberal que deriva hacia un cierto socialismo. Habrá que esperar al año 3000 para que sea compatible la justicia con la libertad.

—*El agnosticismo:* Yo soy cristiano y aprendí a ser cristiano de mi madre. Ella sentía y practicaba la doctrina de Cristo. Recuerdo que había casas en las que se seleccionaba la fruta, y se le daba la peor a la servidumbre. Mi madre jamás hubiera sido capaz de hacer eso. Para mi madre no había servidumbre. Mi madre era, de verdad, cristiana. Pero ¿cómo no ser cristiano? Nuestra cultura está alimentada por cuanto el cristianismo ha significado en ella. Si me olvido de lo que iba diciendo en la conversación, digo: «se me fue el santo al cielo». Estas fórmulas coloquiales son vivo testimonio de algo que está en nuestra raíz.

Se puede estar con Dios o sin Dios, pero nunca contra el posible Dios. En mi caso la perspectiva es modestamente terrestre, pero abierta, no cerrada, a la mayor trascendencia.

El otro día, hablando con Aranguren, le confesé: «Yo soy *naturaliter* cristiano, aunque no ortodoxo... Bueno, ya conoce usted lo que digo en "Lugar de Lázaro": "Si fuera / Yo habitante de Tu Gloria / A mí dámela terrestre"».

Mis consideraciones son, más que nada, de orden mitológico. Por ejemplo: el Nacimiento, Belén y las tradiciones que subyacen en ello, para mí son mitología. La frase más interesante, más elevada que se ha pronunciado en este puñetero planeta —digo «puñetero» adrede, porque es un planeta muy revuelto— es: «Amaos los unos a los otros». Yo me quedo, sin dudarlo un instante, con ese Cristo, no con el Cristo Rey de esos sinvergüenzas.

«Cántico»

El trabajo lento del poeta marchaba espontáneamente en una constante dirección. Todo procedía de un solo manantial y seguía un curso nunca previsto y siempre fiel a su arranque. Los poemas se relacionaban entre sí desde dentro. Así fue imponiéndose una orientación nada artificiosa, previa al conjunto arquitectónico en que se resolvió, por fin, una continuidad de 31 años.

«Beato sillón» fue muy mal entendido. «El mundo está bien hecho», se dice en esa décima. Bien hecho por Dios: la Creación. Lectores mal hechos, torpemente politizados, creyeron que el poeta alude a este mundo —tan corrupto— en que vivimos. La obra entera, *Aire Nuestro*, niega esa estúpida interpretación.

Cántico supone una relación relativamente equilibrada entre un protagonista sano y libre y un mundo a plomo. Esta clase de relación —digamos— normal se halla sujeta —lo sabemos todos muy bien— a crisis... Un acompañamiento en claroscuro acaba de situar aquellas correspondencias. Es un claroscuro de fondo. La atención converge hacia el luminoso fondo sitiado. El azar y el desorden, el mal y el dolor, el tiempo y la muerte dañan, trastornan. Todas esas influencias deformadoras o anuladoras constituyen el coro de *Cántico,* coro menor de voces, secundarias respecto a la voz cantante... La afirmación de la realidad se levanta sobre su fárrago y sus amarguras.

La dictadura. El destierro

Yo vi en seguida que no podía tragarme aquello. Una dictadura no se piensa, una dictadura se traga o no se traga: es cuestión de tragaderas. Decidí de inmediato que no me podía quedar.

Sólo *Cántico* pudo publicarse aquí, el resto no lo permitió la censura. Con la censura no hay diálogo. Una vez, cuando una editorial madrileña fue a publicar una pequeña colección de poemas titulada *Al margen,* censuraron uno dedicado a Quevedo porque se llamaba «La maja y don Francisco». No entendieron que Quevedo también se llamaba don Francisco.

Me gusta aclarar que lo mío no fue exilio, fue destierro. Esa es la palabra exacta, estas razones las he expuesto varias veces: fueron motivos estrictamente políticos.

Una permanencia tan prolongada lejos del ambiente, de mi idioma, representa, en parte, una vida no del todo lograda. Quizás no exista la plenitud completa más que cuando se logra vivir en esa profunda comunidad a la que se pertenece. En este sentido, puedo decir que lo que más me ha faltado es el no sentir la lengua española a mi alrededor.

El exilio no ha sido para mí un fenómeno radical, porque en cualquier punto de la Tierra vuelvo a encontrar lo esencial: el aire, el agua, el sol, el hombre, la compañía humana. Ya lo he dicho en uno de mis poemas, «Más allá»: «Mi centro es este punto: Cualquiera». Jamás he podido considerarme como completamente exiliado. Estoy siempre en esta patria que se llama el planeta Tierra.

«Clamor»

A *Cántico* tenía, pues, que seguir *Clamor*, donde se desarrollan los elementos negativos. *Clamor* es la aclaración y el complemento de *Cántico*. En esta segunda serie de poemas se atiende a ese cerco de oposición antes aludido o insinuado sin contradecir la primera serie, porque el estilo «divino» de la Creación prevalece, al fin, sobre las rupturas más o menos demoníacas. Y así como *Clamor* se abre camino en *Cántico*, la nota clara suena también entre las más graves de la segunda serie, no resultado de la evolución, sino complemento objetivo.

Todos estos poemas implican una ampliación del registro poético. Sátira, poesía gnómica o moral, narración... Y en este punto me encuentro con dos clases de lectores: los que me prohíben que yo pueda hablar, por ejemplo, de la angustia de la guerra y que creen que me voy a pasar la vida hablando de las hojas del otoño; los otros, los «comprometidos», los que dicen: «¡Ah, por fin, ahora!»... Claro que no estoy de acuerdo ni con los unos ni con los otros. Quisiera que se considerase mi obra como un conjunto coherente, como una unidad poética que oscila entre dos niveles.

En *Clamor* la actitud política se manifiesta de modo capital y con reiteración clara: en favor de la libertad, contra las dictaduras, contra las guerras, contra la preocupación de la guerra atómica, en favor del movimiento estudiantil, etc. Entonces, ¿cuál sería la objeción política? Nuestra política es inseparable de la ética.

Jorge Guillén con su familia, en la finca de Leónides Lozano, en donde
comienza a escribir *Clamor*. 1949

«Homenaje»

Un cántico se remonta hacia el júbilo. El homenaje implica más sereno temple. Los elogiados se designan con nombres individuales. (El contrapunto de sombra queda anónimo.) Subtítulo: *Reunión de vidas,* contraste y complemento de *Fe de vida.* El autor da el brazo a toda suerte de amigos, muertos y vivientes, de la leyenda o de la realidad, páginas o personas. ¿Nuestros lectores no enriquecen nuestro más hondo vivir? A menudo confluyen un recuerdo de libro y una experiencia personal: cultura que se vive.

«Y Otros Poemas»

El hecho es que la obra aparentemente concluida siguió adelante. Hubo un cuarto volumen, análogo en contenido y cantidad a los volúmenes anteriores: *Y Otros Poemas.* No es un etcétera ni una miscelánea. La cuarta serie desarrolla un «argumento» coherente punto por punto con el de *Cántico, Clamor y Homenaje.* Por eso no ha menester una denominación que fuese paralela de esos rótulos. Cada poema no repite sino desenvuelve y completa lo ya dicho con la esperanza de que así quede «todo más claro».

El retorno a España. La democracia

Nuestra aportación al cambio debe ser cumplir cada uno con su trabajo. El arquitecto haciendo casas, el obrero construyéndolas, el poeta con sus versos... Porque la poesía seguirá, quizá de otra forma, pero seguirá.

Sí, ha habido muchas regresiones en la historia de España. Pero ya no es posible volver atrás, hay que ir adelante, retroceder es un peligro. Ya tenemos bastante con esa broma pesada que ha durado 40 años. No se puede perder la esperanza. Si estamos en una dirección determinada, debemos continuar. No podemos volver al provincianismo violento y miserable de los años cuarenta. Hay que superar la historia.

El Jorge Guillén de *Y otros poemas*

Después de cuarenta años de dictadura hemos salido sin mayores dificultades y ahora hubo esa salvajada del 23 de febrero, del que dicen ahora que no hubo rebelión militar. Por lo demás, las cosas se van ordenando poco a poco y porque la izquierda aquí ha sido muy prudente... Esos 23 de febrero siempre fracasarán. Yo he sido republicano, pero ¡qué Rey tenemos! Nos ha salido muy bueno. El Rey es la contradictadura, en él me baso para pensar que vamos hacia adelante.

Siempre hay una minoría, la eterna minoría disconforme que es la que mete ruido por las calles y ensucia con letreros las paredes... Gente para la que los años de la guerra civil fueron años sublimes. Es abyecto. Los españoles matándose unos a otros y gente ahora con nostalgia de aquello. Hay algo que me encanta, es eso de «Sociedad Económica de Amigos del País». Me gusta oír eso de «amigos del país». En cambio no me gusta lo de patriotas: siempre que oigo hablar de patriotas en España, yo pregunto: «¿Cuántos muertos?».

— *El Premio Cervantes*

La celebridad es tan breve... Pensar que Lucano murió a los treinta años y todavía hablamos de *La Farsalia*. Virgilio vivió hace más de dos mil años. La posteridad es la maravillosa brevedad. Hace años vendían unos bombones con un envoltorio con la imagen de los personajes célebres, Beethoven, Mozart... ¡Eso sí que es difícil, llegar a la confitería! Lo importante es la calidad, que es lo contrario de la trivialidad. Y es la intensidad. Por eso he rechazado un puesto en la Academia. Es cierto que Dámaso Alonso y otros amigos me lo propusieron, pero ya no tiene sentido. Sería una presunción en vez de una función. Sólo vanidad. A mi edad ya no puedo hacer nada en la Academia. Eso se queda para los más jóvenes. Mi vida ahora es sólo leer, escribir y ordenar mis papeles. También atiendo mi correspondencia. Siempre contesto a todas las cartas porque pienso que quien escribe es para que se le conteste. ¿Unas memorias? No, nunca me ha atraído esa forma de contar mis recuerdos. No soy tan importante como para estar en primera persona. Además todo está en mi poesía. Y más breve. La poesía es una manera de ser, una manera de vivir.

¿El premio? Claro, claro que me alegra, es el reconocimiento a toda una vida de trabajo. Y políticamente creo que significa el reconocimiento por parte del régimen de un modesto adversario... Yo fui el primer premio «Cervantes». El que más me ha importado. Yo he tenido cositas, premios, en fin; pero el «Cervantes» ha sido para mí el más significativo, porque fue un acto de apertura en el período de la transición.

Aquella fue una ceremonia de transición diferente a todas las que han venido después. Los Reyes no estaban en Madrid, sólo fueron los académicos que eran amigos míos. Don Miguel Cruz Hernández, presidente del jurado, invitó a tres ministros: no fue ninguno porque yo era rojo. Me consideraban como rojo porque yo había escrito aquello de «Guirnalda Civil», aquello de «Potencia de Pérez».

Los premios no valen, son un lujo. La gente da cierta importancia a esto de los premios. Yo, no tanto, aunque a veces hay que tener la modestia de aceptar algunos homenajes porque si no, sería soberbia. Y eso, jamás.

Yo me río de aquellos que me han hecho críticas por haber aceptado el premio. Yo tengo mucho sentido de la comedia, aunque me esté mal el decirlo. Y de lo que más me río es de ese ciudadano tan exquisito que me censura que yo lo haya aceptado. Porque sé prácticamente que él lo haría. Pero, además, teóricamente me parece un error. El reconocer a un señor que empieza por decir: «yo soy adversario» es un acto de democracia.

«Final»

Yo he intentado despedirme de la poesía por lo menos dos veces solemnemente. Primero cuando publiqué *Aire Nuestro* y escribí un poema que se titulaba «Obra completa», porque decía «ya basta», sobre todo por el lector, no se le puede cansar. Pero seguí escribiendo y así nació un volumen, un volumen de quinientas páginas que fue mi poesía de septuagenario; se publicó cuando cumplí los ochenta años, es *Y Otros Poemas.* La vida sigue, siempre, pero volví a pensar «ya basta». Pero la vida sigue, y he seguido escribiendo. Así va naciendo otro volumen, dentro de lo mismo, como formando un todo con lo anterior.

Si no espero en algo es que me muero. Quizá por eso mi último libro es de esperanza. Nunca me gustó introducirme en mi persona. Quedarme solo y ver lo que tengo dentro no me interesa nada. Me vuelvo hacia el otro o al otro. Al mundo, a lo que me rodea. En mi libro *Final* aparece el mundo del otro.

En *Final* está la confirmación, la aclaración última de toda mi obra, con infinitas variaciones, que además son complementarias. Por ejemplo, en ese *Final,* yo hablo, digo, fuera del mundo, y explico cómo no llego a conocer... Pero me siento tranquilo hacia la muerte. Doy por concluida mi obra. He escrito lo que realmente tenía que escribir. Me doy por contento. Ahora bien, si vivo lo suficiente, me gustaría que saliera publicada una nueva edición corregida, y quizá mínimamente ampliada, del último libro, que salió con muchísimas erratas. El que escriba o no algún poema más depende, qué sé yo... de que un buen día ese azul mediterráneo que se mete en casa todos los días me inspire alguna cosa.

* * *

Procedencia de los textos

Aragón, Carmen, en *La Calle,* 1 de julio de 1979.

Canales, Alfonso, «Hablando con don Jorge», en *La Pluma,* n.º 7, 1981.

Couffon, Claude, *Dos encuentros con Jorge Guillén,* CRIEM, París, 1973.

Domingo, Alfonso, en *El País semanal,* 25 de mayo de 1981.

Fuente, Ismael, *El País,* 23 de enero de 1977.

García Rayo, Antonio, en *Cuadernos para el Diálogo,* 2 de abril de 1977.

Gómez Santos, Marino, «La alegría de Jorge Guillén», en *Ya*, 1 de junio de 1980.

Guerrero Martín, José, «Afirmación del ser y del vivir por encima de todo», en *Camp de l'Arpa*, n.º 91-92, 1981.

Guerrero Martín, José, *Jorge Guillén. Sus raíces (Recuerdos al paso)*, Miñón, Valladolid, 1982.

Infante, José, «Conocimiento de Jorge Guillén», en *Sur*, Málaga, 20 de diciembre de 1969.

Infante, José, «Conversaciones a puerta cerrada. Jorge Guillén», en *Yes*, n.º 6, abril de 1977.

Lozano, Rafael, en *Sonreído va el sol. Homenaje a Jorge Guillén*, Milán, All'Insegna del Pesce d'Oro, 1983.

Marín, Joaquín, en *El País*, 25 de enero de 1981.

Mellado, Juan de Dios, «Guillén se despide», en *Cambio 16*, 1 de julio de 1979.

Mellado, Víctor, «Jorge Guillén cree en la esperanza», en *Ideal de Granada*, 15 de marzo de 1981.

Mellado, Víctor, en *Diario 16*, 18 de mayo de 1982.

Piedra, Antonio, «Más allá del soliloquio», en *Poesía*, n.º 17, Ministerio de Cultura, primavera de 1983.

Piedra, Antonio, *Jorge Guillén*, Junta de Castilla y León, Consejería de Educación y Cultura, Valladolid, 1986.

Sahagún, Felipe, en *Informaciones*, 7 de enero de 1977.

Santiago, Elena, «Jorge Guillén», en *Vallisoletanos*, n.º 3, Obra Cultural de la Caja de Ahorros Popular, Valladolid, 1982.

Ullán, José Miguel, «Jorge Guillén entre el éxodo y el cántico», en *El País*, 16 de octubre de 1977.

Yebra, Viruca, «Del amor, del mar y la violencia», en *Sábado Gráfico*, 13 de enero de 1982.

La «Carta a Fernando Vela» procede de *Poesía Española Contemporánea*, de Gerardo Diego (Taurus, 1974). Algunos párrafos han sido tomados de escritos de Jorge Guillén: «El Argumento de la Obra» y «Poesía integral», (Ed. de D. Martínez Torrón, Taurus, 1985); «El Argumento de la Obra *Final*» (*Poesía*, 17, 1983); *Lenguaje y poesía* (Alianza, 1969); «Federico en persona» (O.C., de Federico García Lorca, Aguilar, 1974); *El poeta ante su obra* (Ed. de R. Gibbons y A.L. Geist, Hiperión, 1980).

El Jorge Guillén de *Final*

Aproximación a la poética de Jorge Guillén

Francisco J. Díaz de Castro
(Universidad de las Islas Baleares)

> «(El alma vuelve al cuerpo,
> Se dirige a los ojos
> Y choca) —¡Luz¡ Me invade
> Todo mi ser. ¡Asombro!»
>
> («Más allá»,
> *Cántico*)

He aquí, en los cuatro primeros versos de *Cántico*, el comienzo del impulso intelectual que mueve toda la poesía de Jorge Guillén. Poeta, profesor y brillante ensayista —como su amigo Pedro Salinas, al que está dedicado *Aire Nuestro*—, autor de varios de los más ricos y penetrantes ensayos sobre el lenguaje de la poesía debidos a los catedráticos de su generación, ocupa con su obra la mayor parte el siglo, desde 1919 hasta 1983: *Aire Nuestro* es un conjunto modélico de coherencia y sentido de la unidad, desde la primera edición de *Cántico* (1928), que recoge selectivamente poemas publicados en numerosas revistas y periódicos de los años veinte (*La Pluma, España, Alfar, El Mundo, Índice, La Verdad, La Libertad, Revista de Occidente, Verso y Prosa, Litoral, Mediodía, La Gaceta Literaria*, etc.) hasta la composición de *Final*, cuya edición corregida se prepara actualmente.

La singularidad de esta poesía la consigue un complejo entramado de factores entre los que destacan, aparte de la inmensa variedad de temas, técnicas y formas poéticas, la coherencia íntima de cada una de las fases de su desarrollo, la esencial unidad de inspiración y expresión que se

69

mantiene a lo largo de éste y la organización de todos los poemas en un sistema muy denso de simetrías e intertextualidades que, una vez cerrado *Aire Nuestro,* se puede parangonar en cuanto a organización estructural con los arquetipos admirados por el poeta desde su juventud: La *Commedia, Les Fleurs du Mal, Leaves of Grass.*

El tema de la poesía en «Aire Nuestro»

Jorge Guillén ha dedicado abundantes páginas a comentar su obra. Libros como *El Argumento de la Obra* o *Jorge Guillén: El poeta ante su obra,* muchos de los juicios contenidos en *Lenguaje y Poesía,* además de numerosas precisiones aisladas y un abundante epistolario, sirven como guía clarificadora de sus inquietudes estéticas y como orientación al lector respecto a los objetivos del poeta, y son innegables la clarividencia de Guillén como autoexégeta y la importancia de sus observaciones para una historia de la poesía española contemporánea.

Además de esos escritos, la preocupación por expresar cuáles han sido las metas de su actividad poética, sus claves estéticas y sus posturas ante unos críticos no siempre favorables, ha generado en su obra un número creciente de poemas sobre la poesía que permiten obtener, si no una poética sistemática, sí un importante conjunto de asertos, explicaciones y juicios de valor decisivos para situar la obra de este poeta en su tiempo.

A pesar de los numerosos artículos de crítica literaria publicados por Guillén en los años veinte —rescatados en un valioso volumen por K.M. Sibbald—, la poesía primera apenas contiene elementos metapoéticos propiamente dichos. Es a partir de la tercera edición de *Cántico* (1945) cuando encontramos algunos poemas de este tipo. Pero es desde *Homenaje* cuando la metapoesía alcanza entidad suficiente en la obra guilleniana como para constituir secciones autónomas. «Tiempo de leer, tiempo de escribir», de *Homenaje,* «Res poetica», de *Y Otros Poemas* y «La Expresión» y «Vida de la expresión», de *Final,* forman el corpus principal de textos sobre la poesía y el lenguaje poético.

Resulta significativo el hecho de que las primeras composiciones sobre el tema de la poesía aparezcan a partir de la inflexión humanista que se desarrolla en el *Cántico* de 1945. Previamente, Guillén ha publicado uno de sus poemas más importantes, «Más allá», que en la edición definitiva de *Cántico* figura como programa poético al comienzo del libro. «Más allá» es, sin duda, la novedad más importante del *Cántico* de 1936, por lo que significa de establecimiento programático de una actitud estética que es esencialmente vitalista y autolimitada al mundo de la realidad fenomenológica. También puede decirse que en este poema se encierra en embrión todo lo que irá acreciéndose —feliz definición de Pedro Salinas— y amplificándose en significaciones artísticas, y también humanistas y éticas, a lo largo de *Aire Nuestro*.

Pero no puede, a mi juicio, considerarse propiamente como un poema metapoético: la reflexión de Guillén en este texto se centra mucho más en las relaciones del sujeto con la realidad del mundo o, dicho de otra forma, en la respuesta consecuente del poeta a las exigencias de una realidad que le acoge en su armonía esencial, que en la actividad poética en sí misma. *Ser y estar* con las cosas, con las «maravillas concretas» que «regalan su calidad: lo ajeno» es, por de pronto, la base ontológica y fenomenológica sobre la que el poeta comienza a construir su edificio y a ser más explícito respecto a su concepto de la creación poética.

La entrada en *Cántico* de realidades históricas menos gratificantes, que reproduce la contradicción historia-naturaleza que Guillén ve en la realidad, aumenta la necesidad artística de reflexionar sobre los elementos de esa poesía cada vez más plena: la armonía y riqueza del mundo «bien hecho», el desorden y la violencia de la sociedad humana «mal hecha», la limitación de la vida humana —es decisiva la aparición de «Muerte a lo lejos», ya en el segundo *Cántico*— y la constante tensión a que quedan sometidas desde entonces ética y estética.

«Vida extrema», que pertenece a la cuarta edición de

Cántico, y que se sitúa en la parte cuarta, «Las horas situadas», significa en la poética de Jorge Guillén el complemento programático adecuado de «Más allá». Al margen del aspecto propiamente artístico de este poema, cuya complejidad han puesto de relieve, entre otros, J. Gil de Biedma, A. P. Debicky y E. Mathews, puede decirse que es un programa y una síntesis, en 1950, de los valores poéticos de Jorge Guillén: la actividad intelectual previa a la creación, la escritura como escenario de trascendentalización de la experiencia, la adecuación de las formas a los ritmos de la realidad, la búsqueda permanente y esforzada de una comunicación plena. Lo que en «Más allá» puede apreciarse como un programa vital determinante de la actividad creadora, en el extenso poema «Vida extrema» se presenta como un manifiesto poético ambicioso y modesto a la vez:

> *Humilde el transeúnte. Le rodea*
> *La actualidad, humilde en su acomodo.*
> *¡Cuántas verdades! Sea la tarea.*
> *Si del todo vivir, decir del todo.*
>
> (A.N., 399)*

No hay plenitud vital si las experiencias no alcanzan su expresión artística. No hay acción completa si no se formaliza con sus ritmos justos: «Una metamorfosis necesita / Lo tan vivido pero no acabado». La inspiración para esa respuesta no es metafísica, sino el estímulo provocado por la realidad que, como dice en «Mientras el aire es nuestro», «Me supera, me asombra, se me impone». Es simplemente «Gracia de vida extrema, poesía». La tarea del poeta se cumple al entregar a lo vivido «más vida», otra forma de vida verbal «en vilo», correspondiendo así a los dones de la naturaleza:

* Las referencias a las obras de Guillén citadas son: A.N.: *Aire Nuestro,* Milán, All'Insegna del Pesce d'Oro, 1968. Y.O.P.: *Y Otros Poemas,* Barcelona, Barral, 1979. F.: *Final,* Barcelona, Barral, 1981. L.P.: *Lenguaje y Poesía,* Madrid, Alianza, 1969.

> *Ritmo de aliento, ritmo de vocablo,*
> *Tan hondo es el poder que asciende y canta.*
> *Porque de veras soy, de veras hablo:*
> *El aire se armoniza en mi garganta.*
>
> *¡Oh corazón ya música de idioma,*
> *Oh mente iluminada que conduce*
> *La primavera misma con su aroma*
> *Virgen a su central cénit de cruce!*

(A.N., 402)

Elemento imprescindible para la realización del acto poético, el lector es convocado desde esta primera formulación extensa de la poética. Abundan en la primera y segunda parte del poema las consideraciones en torno al acto expresivo en sí: decir, expresarse, difundir sentidos, cantar, sonar, imponer más vida, resplandecer, inventar la voz sus verdades, hablar, palabra en vilo, etc. Pero el poema llega a su fin precisamente cuando el maravilloso acto de la creación poética se recibe por alguien:

> *Entre doctores no, sin duda en casa.*
> *Allí, lector, donde entregarte puedas*
> *A ese dios que a tu ánimo acompasa.*
>
> *Entonces crearás otro universo*
> *—Como si tú lo hubieras concebido—*
> *Gracias a quien estuvo tan inmerso*
> *Dentro de su quehacer más atrevido.*

(A.N., 404)

A partir de ese poema, *Aire Nuestro* apela continuamente y con diversos tonos al lector, desde «El acorde», poema que abre *Clamor,* hasta ese «lector superviviente» al que está dedicado *Final.*

No hay en *Cántico* ni en *Clamor* poema más explícito sobre la poesía que «Vida extrema». Sí hay alusiones, referencias o definiciones de esa respuesta vitalista del poeta a la realidad, como el soneto «Hacia el poema», procedente del tercer *Cántico.* Este poema desarrolla desde el título, la intuición guilleniana del poema «El prólogo», segundo poema del *Cántico* de 1928: «¡Oh prólogo: todo / Todo hacia el Poema». La «salvación de la realidad» se realiza por medio de la forma. Simbólicamente el poeta alcanza la luz —como en «Candelabro», de *Homenaje*— y se escapa del nocturno «barullo», del «murmullo y su duende», del «mal soñar», peor que el silencio —aspecto tan profundamente estudiado por García Berrio—, mediante la construcción de esa realidad tangible —«volumen», «perfil de carne y hueso»— que es la forma, el «lenguaje de poema»:

> *El son me da un perfil de carne y hueso.*
> *La forma se me vuelve salvavidas.*
> *Hacia una luz mis penas se consumen.*

(A.N., 273)

En 1962 lo definía así en las «Palabras preliminares» de *Lenguaje y Poesía:* «No partamos de poesía, término indefinible. Digamos "poema" como diríamos "cuadro", "estatua". Todos ellos poseen una cualidad que comienza por tranquilizarnos: son objetos, y objetos que están aquí y ahora, ante nuestras manos, nuestros oídos, nuestros ojos. En realidad, todo es espíritu, aunque indivisible de su cuerpo. Y así, poema es lenguaje» (L.P., 7). Poema: objeto concreto, realidad tan plena como los seres y las cosas que integran la naturaleza, «maravilla concreta». Esta caracterización procede, como casi toda la metapoesía, de «Vida extrema»:

> *¡Alma fuera del alma! Fuera, libre*
> *De su neblina está como una cosa*
> *Que tiende un espesor en su calibre*
> *Material: con la mano se desposa.*

(A.N., 401)

En *Homenaje*, «Cántico circunstanciado» —como lo ve Aranguren—, esta poesía llega a su plenitud con la elevación de la Cultura, de la obra humana entendida como «vida extrema», a la igualdad con la Naturaleza y la Historia. Si el eje del libro lo ocupa un apasionado canto amoroso, el marco que lo encierra está formado casi exclusivamente por la respuesta poética exigida en «Vida extrema», ahora también a la experiencia de la lectura. Tanto los poemas «Al margen» como las «Variaciones» son creación y respuesta poética a la realidad de las obras del pensamiento humano. Esa novedad permite coherentemente la integración de numerosos poemas sobre la propia teoría poética y sobre la propia poesía, justificados también por el sentido de balance final que impregna la última parte del libro.

Las dos últimas series de *Aire Nuestro, Y Otros Poemas* y *Final*, están organizadas formal y temáticamente de acuerdo con la estructura de conjunto de las tres series anteriores. A lo largo de las cinco partes de *Y Otros Poemas* reproduce el argumento del primer *Aire Nuestro*, desarrollando todos sus componentes: naturaleza, historia, culturalismo, metapoesía y balance vital, amplificándose los temas de la vejez y de la muerte. En *Final*, aclaración, variación y complemento armónico de las obras anteriores, se reproduce de otra forma la misma estructura de conjunto: las complejas simetrías de las series anteriores quedan encerradas en las tres partes centrales: a *Cántico* corresponde «En la vida», a *Clamor,* «Dramatis Personae», y a *Homenaje*, «En tiempo fechado». Esas tres partes centrales quedan rodeadas por un marco estructural muy breve, formado por poemas sobre el misterio del origen (Dios, el tiempo, el universo: temas de segundo término en las series anteriores): «Dentro del mundo», y los poemas sobre la muerte: «Fuera del mundo», que cierran el libro reflejando las partes últimas de *Homenaje* y de *Y Otros Poemas*.

La estricta organización temática y formal que se mantiene en los últimos libros es claro exponente de la preocupación por amplificar los núcleos principales de la obra y por dejar cada vez más claras las bases de la práctica poética y de *Aire Nuestro*. No es de extrañar, por ello, que desde *Homenaje* el poeta sea cada vez más explícito a este respecto y que proliferen los textos metapoéticos en los que vuelve una y otra vez sobre la poesía y su propia obra.

Componentes de la poética: «Trabajo inspirado»

Como se ha visto a propósito de «Vida extrema», el origen de la actividad poética es un impulso imaginativo propiciado por la integración profunda en la realidad. Otro texto de *Cántico*, «Para ser», presentaba ese proceso a partir de la referencia implícita a la frase de Picasso «Je ne cherche pas, je trouve»: («No busco. Cedo al ímpetu que guía / —Varia salud— la sangre por la vena...») (A.N., 281). Creación identificada con impulso amoroso y con integración en la naturaleza, en los cuales es la vida con su fuerza la que oganiza la corriente de la sangre, la vinculación del hombre al objeto de la pasión y la creación poética, «para ser». En *Homenaje* aparece la misma idea con matiz humorístico:

> «Poeta». Digo «coplero».
> «Poesía». Digo «coplas».
> ¡Cópulas! Es lo que quiero,
> Inspiración, si tú soplas,
> Con el mundo verdadero.

> (A.N., 1555)

Ese principio poético es constante en la metapoesía posterior, como en el poema que abre «Res poetica»: «Algo surge por don / De un cielo ajeno dentro / De mí: la inspiración» (Y.O.P., 199). Guillén cree en el «misterio de la poesía», en la órbita de lo inefable poético: el «no sé qué» afirmado también en los ensayos de crítica literaria, a propósito de Berceo «Esa realidad ordinaria que, sentida por Berceo, es poética, se torna vulgar en cuanto se nos escape el *quid* divino, el no sé qué del acto creador». (L.P., 27). Según el poeta, no bastan los esfuerzos sobre la página en blanco: sin inspiración no se alcanza la poesía:

> *Inspiración. Hallo cosas*
> *Que no buscaba mi pluma.*
> *Están ante mi conciencia*
> *Que las ve. Todo se suma.*

(Y.O.P., 200)

Guillén habla sobre todo de la experiencia creadora como poeta, pero sostiene una creencia global en la inspiración como uno de los elementos clave en cualquier obra humana. Así, en *«Homo faber, homo creator»:*

> *¿El gran historiador es buen poeta?*
>
> *Hasta en el erudito no se duerme,*
> *Labora sin cesar la fantasía,*
> *Y entre los datos se introduce el verme*
> *De una invención que arrastra poesía.*
>
> *¿Quién pone freno al indomable impulso?*

(Y.O.P., 386)

Complemento de la inspiración —«Que otorga sin ningún previo puente» (F., 65)— es la exigencia de un esfuerzo creador en el lenguaje, que permita dar a luz sentidos en el caos informe de una realidad y de un lenguaje en bruto. El poeta advierte un ritmo inevitable, «fatal», en la relación entre el impulso anterior y la realidad: «Impulso inconsciente y consciente. / Voluntario pero fatal, / Inspira necesariamente / Como si fuera un manantial / De innumerables manantiales» (Y.O.P., 218). Es preciso ese impulso instintivo que crea nuevas relaciones entre espíritu y realidad mediante la expresión, pero para ello se exige una entrega artesanal a la tarea: «Selva oscura no es término de viaje. / El eminente lucha contra el caos» (F., 58).

La inspiración del imaginativo se consolida, así, como comienzo de la creación poética sobre la que debe aplicarse la «maestría». Sin imaginación no hay nada («Sin luz de inspiración —es ejemplar suceso— / No hay poeta, no hay voz con justo peso». Y.O.P., 247). Todo queda resumido en la ingeniosa corrección del dicho:

> *El poeta, sí, nace.*
> *El poema se hace.*

(Y.O.P., 210)

En efecto, el esfuerzo permanente de Jorge Guillén ha sido el de la precisión, como lo demuestran sus hallazgos expresivos, métricos y rítmicos, las numerosas variantes en cada edición de *Cántico* o, incluso, lo fenómenos de lexicalización en su propio lenguaje poético de muchas expresiones tomadas de las dos primeras series de *Aire Nuestro*, que potencian con su intertextualidad el sentido de los nuevos poemas en que se integran. La experiencia poética se crea al formularse en palabras exactas. En el estudio que dedica a Gabriel Miró en *Lenguaje y Poesía* explica concisamente en prosa lo que es el meollo de «Vida extrema»: «Miró dice más: el acto contemplativo se realiza del todo gracias al acto verbal. Entonces se cumple el ciclo de la experiencia. Hasta que no se "pronuncia" esa experiencia no acaba de vivirse. La poesía no es un ornamento que se superpone a la existencia, sino su culminación. Vida profunda tiene que llegar a ser vida expresada» (L.P., 148).

Por otra parte, se advierte una forma de hermenéutica en la definición de la creación poética, pues uno de los objetivos del poeta es introducirse en el ritmo de un sentido último que une realidad y lenguaje. Es la esencial armonía de un mundo que, pese a las evidencias históricas, sigue considerándose «bien hecho»:

> *Se desbandan las palabras,*
> *Chocan, chirrían, pretenden*
> *Absoluta incongruencia.*
> *¿Absurdo?*
> *Allá, por el universo,*
> *Todo está relacionado.*
> *Queda un último sentido*

(Y.O.P., 202)

Lo poético goza de una cualidad misteriosa en última instancia, imprescindible en el trabajo esforzado de la composición del poema. Esa cualidad se formula ya en «Perfección del círculo», del primer *Cántico*: «Misteriosamente / Refulge y se cela. / —¿Quién? ¿Dios? ¿El Poema? / —Misteriosamente...» (C., 1928, pág. 13). Es la fuerza de la realidad, irresistible, la que se presenta en todo *Aire Nuestro* como guía misteriosa del poeta inspirado en su actividad creadora: «Asombro de ser: cantar», dice en «El aparecido» (A.N., 476). El poeta, así, puede presentarse como mago:

> Son magos y lo saben, y no aceptan
> Ese nombre antiquísimo. No lucen
> Trajes resplandecientes. A menudo
> Se disfrazan de simples criaturas.
> Míralos bien, entiéndelos. Son magos.
> Así, profesionales misteriosos,
> Transforman la materia en dios concreto,
> El inmortal destino del viviente
> Con fórmulas orientan de conjuros
> Que ellos pronuncian.
>
> ¿Magos? Magos ¡Magos!
>
> (Y.O.P., 87)

Lo que subyace a la creación poética, parece decir, es un arcano indescifrable y, tal vez, irrelevante. Importa la instancia más alta del proceso creador: la nueva realidad que toma cuerpo en el lenguaje. Y, subsidiariamente, su origen, sus efectos. Si brota el requerimiento de la definición, se impone la que une arte y compromiso con la vida:

> ¿Qué es poesía? No lo sé.
> Una existe que yo nombro
> Ars vivendi, Ars amandi:
> Sentimiento aún de asombro
> Que resplandece con fe.
>
> (Y.O.P., 229)

79

Poesía como compromiso con la vida

Para la creación poética se precisa, junto con la inspiración y la «gracia de palabra», el impulso amoroso. «El lenguaje del amor», de *Homenaje*, define la poesía como fruto de la contemplación de la realidad a la luz del amor. Y ello como fruto del vitalismo humanista del poeta, que reitera su esfuerzo por distanciarse de lo que considera rancia atmósfera del narcisismo y por implicar permanentemente una forma de ética de habitante del planeta. Así pueden leerse estos versos:

> *Viva la vida erguida.*
> *En libros di ese grito*
> *Que resultó mi vida.*

(Y.O.P., 524)

Si es posible una realización humana, viene a decirnos, sólo lo es gracias a la íntima dependencia de la realidad —«dependo de las cosas»— y al compromiso con el tiempo. En «El pan nuestro», pórtico de *Aire Nuestro* con «Mientras el aire es nuestro», ya mencionado, y «Homo», se resume con nuevos conceptos el programa vital que abarca toda la obra:

> *Aquí mismo, aquí mismo está el objeto*
> *De la aventura extraordinaria. Salgo*
> *De mí, conozco por amor, completo*
> *Mi paisaje mortal. Vivir ya es algo.*
> *Una fuente incesante de energía*
> *Fundamenta el suceso cada hora.*
> *Prodigio es este pan de cada día.*
> *Luz humana a mis ojos enamora.*

(A.N., 15)

La poesía como creación se entiende como una disposición instintiva del hombre. «La Expresión», de *Final*, se abre con unos versos en los que, como dice Blecua, se plantea el problema de la creación poética desde un principio «casi antropológico». La necesidad de forma viene a ser una de las primeras expresiones metapoéticas acerca de la poesía en *Cántico* —«Hacia el poema»— y sigue presidiendo las últimas de *Final*:

> *Hacia forma el hombre tiende.*
> *Quizá le inspire algún duende,*
> *Y a más amplitud se abra.*
> *Tanto a los gestos se entrega*
> *Que la expresión es su omega.*

(F., 57)

El programa expuesto en «Vida extrema» —«Si del todo vivir, decir del todo»— chocó en sus realizaciones con críticos adversos que le acusaron de un cierto conformismo. Guillén ha insistido en que su poética no implica conformismo, alienación ni olvido de la realidad histórica, y lo ha demostrado prácticamente y cada vez más a lo largo de su obra. Bien se cuida de aclararlo a cada paso, obsesionado todavía por las críticas a versos como «El mundo está bien hecho», del poema de 1924 «Beato sillón», y por opiniones despectivas como la de Luis Cernuda, quien hablaba de su «conformismo burgués». Por ello insiste a menudo en el compromiso esencial de su poesía con la vida y con el hombre. Frente a lo que algunos califican de «poesía abstracta», afirmación del carácter «integral» de su poética:

> *No juego con las cosas, ya abstracciones.*
> *Sólo desearía, de los seres*
> *En cuya realidad muy firme creo,*
> *Extraer su virtud, matiz, esencia,*
> *Con amor y con fe decir la vida*
> *Que está allá, frente a mí, que es conquistable.*
> *Sensación, no ilusión, objeto, verbo.*

(Y.O.P., 201)

Es la asunción de un compromiso humanista fundamentalmente artístico lo que lleva a Jorge Guillén a pronunciarse repetidamente sobre la necesidad de una poesía rigurosa y esforzada. A partir de esa exigencia fundamental, los poemas seguirán caminos diferentes según el estímulo del que partan. El compromiso con los hombres provoca las variadas formas de la sátira —ya desde *Cántico*— como complemento de la armonía. En la poesía de las tres últimas series prolifera la sátira política y social y no faltan las sátiras literarias, cuya consideración en estas páginas excedería con mucho el espacio disponible.

El «lenguaje de poema»

Ya en *Cántico* se expresa el enriquecimiento de lo existente por medio de la palabra poética, la reordenación del mundo propiciadora de un nuevo conocimiento: «A más verdad me asomo: / Poesía» (A.N., 407). El lenguaje de poema materializa un deseo de realidad concreta, la hace ser. Y la propia lengua, el castellano, en la esquizofrenia y el caos de la realidad y de las palabras que implica el exilio en otras tierras y otras lenguas, permite al poeta mantener una relación comprensiva con la realidad. Así, en «Despertar español»: «No estoy solo: ¡Palabras!» (A.N., 924).

Jorge Guillén insiste en la necesidad de trabajar con esfuerzo el lenguaje para que sea «lenguaje suficiente», en el mismo sentido en que lo define en Góngora, aunque con diferentes implicaciones estéticas: «La poesía, pues, se establece, ante todo, como un lenguaje, concepción antípoda, por ejemplo, a la de un San Juan de la Cruz. El místico parte de una experiencia íntima, y no pudiendo transmitir esa experiencia acude a las palabras como recurso insuficiente. Góngora representa la exaltación máxima del tipo opuesto, para quien el lenguaje es —junto al tesoro de las propias intuiciones— la meta maravillosa. Todo el esfuerzo se concentrará en la explotación de una mina inextinguible, las palabras, cuya potencia está esperando a quien sabrá proferir esas palabras, semejantes a un talismán que mágicamente, como en un rito, va a promover la creación de un mundo. Una tentativa poética debe atender ante todo a la determinación de su lenguaje, su propio ser» (L.P., 37).

La palabra justa ilumina y la escritura poética lograda es fuente de conocimiento: «Algo ilumina la palabra», dice en *Homenaje* (A.N., 1.573). En «Chispa verbal» se apunta la experiencia del poeta que da fin al poema: «Con mi palabra me guío» (A.N., 1.595). La poesía para Guillén sólo existe si concurre la fuerza creadora de la palabra. A menudo asocia el verso con el ritmo, que capta al lector por la imagen auditiva, a la vez que aporta algo más creado por el sonido puro de las palabras en el verso, previo al objeto verbal al que remiten. El poeta insiste en la índole material de las palabras, esos nombres que «quedan», como decía en *Cántico*. «Candelabro», que abre «El centro» de *Homenaje*, es uno de los poemas en que más felizmente detalla el proceso creador, como señaló Juan Manuel Rozas. A la manera del talismán, la palabra «candelabro», en su forma y en su significado, va «iluminando» al poeta en su creación del poema, a la vez que le permite acceder desde la orilla del sueño y la tiniebla simbólica a la otra orilla de la lucidez, a la «vida expresada»:

> *La palabra y su puente*
> *Me llevan de verdad a la otra orilla.*
> *A través de lo oscuro*
> *Ayúdame, mi amigo, candelabro.*

(A.N., 1.297)

Es frecuente la confesión del esfuerzo en busca de la forma más exacta: «Al poema conduce un hilo, / Y yo con todo mi ser lo intento» (Y.O.P., 218). Ese esfuerzo se identifica con el del hombre ahondando en lo humano para «ser más» y para integrarse, a la vez, en la armonía de la naturaleza. El poema «Homo», en el pórtico de *Aire Nuestro*, desarrolla el tema de la ética del esfuerzo en pos de la elevación a una altura verdaderamente humana. Las resonancias de ese programa, explícito desde el tercer *Cántico*, llegan ampliándose hasta la última serie: *Final* se abre con un sostenido registro ético que se despliega en cada una de sus partes. Si «solidaridad» y «amor» son dos conceptos importantes de su ética, en la base de la poética se encuentra con frecuencia la idea de que el impulso creador está presidido por la relación participativa.

Palabra ordenadora, en coherencia con el programa de «Vida extrema», es una constante en la metapoesía de las últimas series. Más que definir su poesía, Guillén prefiere insistir en sus componentes verbales y su función creadora de realidad. La luz, elemento privilegiado en *Aire Nuestro*, es el ámbito simbólico al que pertenece la actividad poética: la escritura eleva hacia la luz la experiencia vivida:

> *Todo lo bien vivido sale en busca*
> *De algún decir· esa palabra exacta*
> *Donde se vive por segunda vez*
> *A una altura mayor, que no es un acta*
> *Documental. La voz en luz erguida*
> *Requiero yo para integrar mi vida.*

(F., 57)

Todo puede ser objeto de poesía porque todo puede ser dicho con sus palabras justas. No existen temas proscritos para la poesía ni palabras antipoéticas. El motivo de la rosa permite la aclaración: «La rosa es bella pero no poética. / Lo será en el poema si él es bello. / La política es fea, no poética. / Lo será en el poema con destello» (Y.O.P., 319). Ya en *Lenguaje y Poesía* lo había formulado a propósito de Berceo: «Para comprender a Berceo y la clase de poetas a que él pertenece sería de mal gusto tener buen gusto. Según ellos la poesía no se ha desposado con la belleza» (L.P., 23).

La poesía es a la vez comunicación y conocimiento. Así como el lector ha de ser el «buen lector», el lenguaje que se reclama es el vivido: «¿Qué palabras? Las vividas. / Son el oro. No soy Midas» (F., 63). En un poeta como Jorge Guillén, para quien el lenguaje sí es «lenguaje suficiente» para poetizar porque la poesía vive en el lenguaje, es a través de las palabras profundamente vividas como se produce el conocimiento poético en el acto de la escritura.

Merced al lenguaje el poeta explora la realidad que perciben los sentidos y la vierte, a la vez que descubre su nueva realidad, en el poema. El humor no está ausente de muchas de estas formulaciones, sobre todo en las series finales: «Excusad mi ilusión. Con las palabras cazo» (Y.O.P., 521). Con las palabras justas se «caza» la realidad, muchas veces a través de la simple nominación, tan característica en su obra. Nombrar es evocar y sugerir el objeto exacto, cuya imagen permite muchas veces nombrar e instituir otra realidad, como vemos en este «trébol» de *Clamor*: «Junio digo. Digo floresta. / Una flora digo carnal. / ¿Sugerí ventura de siesta?» (A.N., 647).

Si un elemento esencial en la poesía es el ritmo, Guillén es uno de los poetas contemporáneos que mayor maestría ha alcanzado en las combinaciones rítmicas de sonidos, formas e imágenes. Él mismo ha teorizado sobre el ritmo en sus textos en prosa, y dedica muchos de sus poemas sobre la poesía a explicitar su punto de vista. Ya en «Hacia el poema» el ritmo se presenta como el primer movimiento de la imaginación creadora («Siento que un ritmo se me desenlaza / De este barullo en que sin meta vago»). En «Res poetica» se hallan varios poemas que contienen observaciones interesantes. El ritmo es cauce obligado de la imaginación en el acto de la expresión: «Si no hay cauce, no hay río. / Del poema en alud / Es de lo que me río» (Y.O.P., 227). Ritmo como «curso de palabras» y como fuerza impulsora de la expresión es una imagen constante en *Aire Nuestro*. Como en «Candelabro», de la oscuridad simbólica el ritmo va destacando las palabras que fluyen hacia el poema en este otro texto de *Homenaje* donde «la otra orilla» está habitada por un lector:

> *Sobre el silencio nocturno*
> *Se levantan, se suceden*
> *Frases. Las impulsa un ritmo:*
> *Claro desfile de versos*
> *Que sin romper el negror*
> *De la noche a mí me alumbran.*
> *Se funden cadencia y luz:*

Palabra hacia poesía,
Que se cumple acaso en ti,
En tu instante de poeta,
Mi lector.

(A.N., 1.595)

La rima propicia especialmente en la poesía de Jorge Guillén el hallazgo verbal. Tanto José Manuel Blecua como Manuel Alvar mostraron hasta qué punto el proceso creativo de un poema guilleniano tiene mucho de esa arte venatoria de palabras a la que se refiere el poeta en una de las citas anteriores. En toda la obra abundan las referencias al papel creativo de la rima, cuya función humorística explota Guillén como pocos poetas españoles. Lázaro Carreter mostró el alto grado de creatividad que puede alcanzar la rima en Guillén, y es en ese sentido en el que la palabra poética puede ordenar una determinada experiencia y singularizarla en el poema. Así, es una constante la afirmación y demostración práctica de que la rima fuerza, mediante la relevancia dada a un determinado vocablo, la aparición de contextos nuevos, sorprendentes, en los que pueden hallarse por azar objetivo o por asociación de ideas nuevas sendas para el acoso de la realidad concreta y su traslado al poema con facetas enriquecedoras.

El poeta como artesano

Esfuerzo y rigor poético son ejes del oficio de poeta para Jorge Guillén, como se ha visto. Lo que en «Homo» era una llamada al esfuerzo humano para la realización vital y artística («Discorde forcejeo / Sin fin»), se afirma en la mayoría de los textos metapoéticos de *Homenaje,* libro del restablecimiento del orden personal y social, y se mantiene como preocupación constante hasta *Final,* donde cobra fuerza la imagen del poeta como artesano:

No aludo a perfección, a meta conquistada,
A calidad de objeto: una fanfarronada.

> ¡No! «*Perfección*» *sugiere mi esfuerzo mano a mano.*
> *La más tensa conducta. Soy artesano.*
>
> (F., 64)

Poeta como artesano de la difícil sencillez, cuya propuesta es frecuente en la metapoesía de los últimos años, como esta brevísima lección poética de corte machadiano: «Playa. Sol. Desnudos. / Venus renacida. / —Di sencillamente / el mar y la vida» (Y.O.P., 421). Consecución de la elementalidad para percibir la esencia del mundo a través de la inteligencia y comunicarla apelando a los sentidos: «Poeta: El más sensible a la realidad. / Mirando en simpatía la descubre / Con la imaginación para los ojos» (Y.O.P., 287).

El balance de la obra es constante desde *Homenaje*. El concepto modesto de «artesanía poética» que utiliza Gómez Yebra es el que mejor cuadra a la poética que Guillén elabora en los últimos libros. El poeta madura en una especial forma de sabiduría que toma toda una vida. Poesía es, así, aprendizaje continuo para el ascenso en la escala del saber hasta la «maestría», palabra que pone en primer plano el valor del trabajo. Ese es el tema que desarrolla el último texto de las secciones metapoéticas de *Aire Nuestro:*

> *Artesano —palabra digna, pulcra—*
> *A través de las horas*
> *Para alcanzar su meta: maestría.*
> *¡Maestro carpintero!*
>
> (F., 86)

Trabajo e inspiración unidos, con el impulso de una inagotable fuerza interior que se verbaliza en los términos más elevados: los de la disposición amorosa a la que acude «tal musa, muy solícita». Esfuerzo poético, intelectual y emotivo, en un proceso ascendente hacia la madurez y el conocimiento, es decir, hasta la cima de la esencia de ser hombre. Motivo frecuente en *Final*, lo hallamos en el centro del poema «De la edad»: «Vejez de Calderón, vejez de Goethe, / Apasionada ancianidad fecunda / Por la vía del esfuerzo / Diario, competente, / Aunque inseguro en busca de otra cosa, / No lejos ya del último horizonte» (F., 28). Sin alusiones ilustres ahora, Guillén centra la significación del poema que comento sobre el concepto de artesano, más amplio y, aunque con una pizca de orgullo, modesto:

> *Profesión de poeta,*
> *Cada vez más poeta, denso tiempo*
> *Que se mide por años y por años,*
> *Vida madura al fin, sabiduría,*
> *Vocación entrañable,*
> *Jamás ornato de un domingo leve,*
> *O con furores de revelaciones.*
>
> *Profesión de poeta,*
> *Laborioso inspirado.*

Maestro artesano y maestro de lectura, Jorge Guillén es uno de los poetas de su tiempo que ha dedicado más espacio en su obra a teorizar y explicar los ingredientes y el sentido de su poética. Además, ha sabido dar cabida en sus poemas al amplio conjunto de referencias literarias e intelectuales que sustenta la génesis de su obra toda.

Las reflexiones y los comentarios sobre el tema de la poesía constituyen toda una poética, aunque en ningún momento haya pretendido organizarla sistemáticamente. Complementariamente, los textos matepoéticos sirven para entender mejor cómo en su escritura tiende continuamente puentes hacia ese mundo literario que, como la vida y la observación de la realidad, constituye una base imprescindible de su obra. Hay en esos poemas mucho saber literario, puesto a prueba en una práctica de la escritura que se extiende durante más de seis décadas en las cinco series de *Aire Nuestro.*

No hay suficiencia ni pedantería —tan frecuente en otros casos— en los escritos del viejo poeta que entrega, con humor y con amor, empleando todo el variado repertorio de sus habilidades técnicas y estilísticas, los frutos maduros de sus reflexiones sobre el escribir ajeno y propio. Hay, y así me lo parece, la voluntad de abrir al «buen lector» las puertas de su creación y de acomodarle en el *Aire Nuestro* con la afabilidad que le caracterizó siempre.

«Con el alma serenada», Málaga, 1980

Análisis de la bibliografía guilleniana

Antonio A. Gómez Yebra
(Universidad de Málaga)

A veces se deja caer en el olvido que Jorge Guillén, antes de decidirse a componer·versos —actividad que inició entre 1918 y 1919— se había formado intelectualmente primero en España y más tarde en Suiza, Alemania y Francia, por lo que tenía una visión de la literatura y de la creación poética mucho más completa y compleja que la mayoría de sus contemporáneos.

Jorge Guillén, Pedro Salinas, Gerardo Diego, Dámaso Alonso, Luis Cernuda, son, entre otros, los poetas profesores [1] de la generación del 27 y, aunque de distinta forma, en todos se advierten unos profundos conocimientos de teoría literaria plasmados ya en la propia producción poética, ya en obras de ensayo.

Mientras Dámaso Alonso se consagraba definitivamente —aunque no en exclusiva— a la labor crítica e investigadora, Guillén optó en su momento por la entrega en cuerpo y alma a la creación lírica, sin olvidar que su labor universitaria lo instaba a la teorización. De este modo D. Alonso y J. Guillén, poetas profesores ambos, ocupan los extremos opuestos de la nómina generacional docente, y por esta razón la obra crítica guilleniana es francamente menor que su obra en verso, mientras en su compañero de generación ocurre todo lo contrario.

Sin embargo, los empeños teóricos guillenianos, si breves y escasos, han alcanzado una justa notoriedad, considerándoselos aportes fundamentales a la bibliografía de Berceo, Fray Luis de León, San Juan de la Cruz, Herrera, G. Miró, Salinas, etc., tanto como a la de su propia obra poética.

Así pues, es de justicia que, al abordar un somero análisis de la obra guilleniana, éste se efectúe en dos apartados: su creación poética y sus comentarios críticos.

Obra poética

Justamente en estos días acaba de publicarse la edición definitiva de los cinco principales volúmenes de poesía guillenianos bajo el ya conocido y sugestivo título de *Aire Nuestro,*[2] cinco densos libros que son otros tantos acordes donde se refleja la intensa vida del poeta y su dedicación amorosa a las letras.

Hombre reflexivo y sensible, inicia su andadura poética, como otros compañeros de generación, en las revistas de la época, para publicar, en 1928, su primer *Cántico* bajo los auspicios de la prestigiosa *Revista de Occidente*, que dirigía su buen amigo J. Ortega y Gasset.

El poema con que se abre el *Cántico* de 1928, «Advenimiento», plantea ya algunos de los temas principales que se repartirán por toda su creación literaria: el amanecer, y con él, el mito del renacer diario; la situación del poeta en un lugar —físico y emocional— paradisíaco; la música armoniosa producida por unas criaturas felices y concordes —«coro de alborada»—; el tiempo acumulado en el presente; y el aire respirable, habitable, expresado en el sintagma «aire nuestro» que más tarde utilizará para titular el conjunto de su obra poética.

Pero también presenta este primer poema una estructura externa muy llamativa en la que se advierte la división en cinco estrofas (el número cinco se hará reiterativo a lo largo de su obra) de cuatro heptasílabos con rima asonante, modalidad de redondilla —*abab*— que seguirá cultivando posteriormente hasta conseguir con la asonancia calidades que sólo parecían al alcance de la rima consonante.

La intensidad emotiva del poeta, su capacidad de asombro, su actitud afirmativa ante el mundo, la reflexión en el instante inquieto, también se dan cabida en el poema, antes de proponer, al final, el elemento creador y amador por excelencia, la mano:[3]

ADVENIMIENTO

¡Oh luna! ¡Cuánto abril!
¡Qué vasto y dulce el aire!
Todo lo que perdí
Volverá con las aves.

Sí, con las avecillas
Que en coro de alborada
Pían y pían, pían
Sin designio de gracia.

La luna está muy cerca,
Quieta en el aire nuestro.
El que yo fui me espera
Bajo mis pensamientos.

Cantará el ruiseñor
En la cima del ansia.
¡Arrebol, arrebol
Entre el cielo y las auras!

¿Y se perdió aquel tiempo
Que yo perdí? La mano
Dispone, dios ligero,
De esta luna sin año.

Así pues el *Cántico* de 1928 se abre con un poema acerca del amanecer que contiene si no todas las pautas líricas del poeta, sí muchas de ellas en primicia. El conjunto, de 75 poemas, se subdivide en 7 apartados que constan de 18, 6, 12, 10, 17, 5 y 7 textos, de tal forma que en cada uno de ellos, el joven Guillén se entrena en el uso de diversos moldes y demuestra que estrofas-poema como la décima no deben relegarse al olvido.

Su preocupación por el estado de la cuestión lírica castellana lo lleva a un reposado análisis de las formas tradicionales que le permitirá aportar sustanciosas novedades. La estudiada variedad y combinación de estructuras poéticas en esta primera obra da pie a J. Casalduero para comentar que la ordenación de *Cántico* «se basa en la forma, entendida ésta no como un elemento externo (sonetos, silvas, odas, romances, etc.) sino como descubrimientos de ritmos y melodías».[4]

Con «Advenimiento» están ya en la primera parte de *Cántico* poemas que han dado lugar a numerosos comentarios: «Cuna, rosas, balcón», «Los nombres», «Cima de la delicia», «Los amantes», y otros, todos ellos en estrofas ágiles, leves, heptasilábicas, pero intensamente vívidas, en donde Guillén es un poeta hecho, capaz de convertir su realidad intelectual en un auténtico mito. Así cabría interpretar, por ejemplo, la aparición espléndida de una joven botticelliana en «El Manantial», una muchacha nacida de la nada y del agua, principios ambos que posibilitan su existencia repentina:

> El agua, desnuda,
> Se desnuda más.
> ¡Más, más, más!: carnal,
> Se ahonda, se apura.
>
> ¡Más, Más! Por fin... ¡Viva!
> Manantial, doncella:
> Escorzo de piernas,
> Tornasol de guijas.
>
> Y emerge, compacta
> Del río que pudo
> Ser, esbelto y curvo,
> Toda la muchacha.

No menos mitificadora es la posición del poeta ante la noche, que, de elemento negativo por excelencia, al ser contraria a la luz, Guillén transforma en elemento positivo, ya que en su decurso el insomne voluntario puede entregarse al amor,[5] a la meditación trascendente, a contemplar las estrellas lejanas y solícitas, a disfrutar el silencio creador. Ya en esa primera época, en efecto, el joven profesor compone durante las horas de vigilia para que, con la mañana, nazcan también los textos:

LA GLORIA

Madrugad, profecías, profecías,
Y relatad la gloria del insomne.
¡Amables folios! ¡Cuántas, las almohadas!
Bajo tiernos albores desvelados
Descubrirán su minas los prodigios.

El silencio nocturno es dulce para quien en él se sumerge oyendo las óperas divinas «Que se abren por las noches / En las estrellas vivas» y para quien se deja ganar por el confesable e irrenunciable atractivo de los estantes repletos de libros donde está el mundo al alcance de las manos-ojos. En «Interior» dirá: «La soledad, tan aguda, reserva / La biblioteca. / ¡Todo extraviado en estantes oscuros! / ¡Mío es el mundo!».

Se ha repetido que el *Cántico* de 1928 presenta un mundo genesíaco donde un hombre —el poeta— se siente plenamente a gusto. Nada se puede objetar a esta apreciación, que concuerda, por otra parte, con algunos acontecimientos de su biografía. Para el Guillén creador de 1918 a 1928 todo tiene sentido, todo alcanza su plenitud, su momento de belleza esplendorosa: desde el ruiseñor alegre a la mujer amada, desde la luz intangible al sillón acogedor, desde el mar sobrehumano a la roca perfecta. El mundo que rodea al poeta está bien hecho ante sus ojos, como lo están las 17 décimas que componen la quinta parte del libro.

En la sexta parte destaca, a mi entender, el poema «Desnudo», donde, como en «Manantial», J. Guillén utiliza una técnica de aproximación a la criatura que se me antoja de cineasta: con suma delicadeza, la oscuridad va dando paso a las sombras, que se convierten en penumbra para, al fin, ceder ante la luz reveladora del blando cuerpo femenino desnudo. Ante tal visión el instante se ralentiza y el poeta tiene ocasión de extasiarse contemplando la belleza sin aditamentos de la amada: nada se suma a su perfección pero nada la oculta tampoco.

DESNUDO

Blancos, rosas... Azules casi en veta,
Retraídos, mentales.
Puntos de luz latente dan señales
De una sombra secreta.

Pero el color, infiel a la penumbra,
Se consolida en masa.
Yacente en el verano de la casa,
Una forma se alumbra.

Claridad aguzada entre perfiles,
De tan puros tranquilos,
Que cortan y aniquilan con sus filos
Las confusiones viles.

Desnuda está la carne. Su evidencia
Se resuelve en reposo.
Monotonía justa: prodigioso
Colmo de la presencia.

¡Plenitud inmediata, sin ambiente,
Del cuerpo femenino!
Ningún primor: ni voz ni flor. ¿Destino?
¡Oh absoluto Presente!

Tengo la absoluta certeza de que aunque Guillén solamente hubiera publicado los poemas del primer *Cántico* habría pasado, como Jorge Manrique, San Juan de la Cruz o Fray Luis —con quienes tiene numerosas afinidades [6]— a ocupar un lugar de privilegio en nuestra lírica.

El lector difícilmente puede escoger como más bello que los demás a ninguno de esos 1.265 versos del primer *Cántico*, alguno de los cuales adquiere, si no categoría de poema, sí al menos una cierta personalidad e independencia como el simbólico «¡Damas altas, calandrias!» del poema

«Los aires», ya en la parte séptima del libro, o el gozoso y sonoro «¡Júbilo, júbilo, júbilo!» de «Festividad», con el que resume «Todo el resplandor del día», en ese mediodía guilleniano que se redondeará expresivamente con «Las doce en el reloj», texto correspondiente a la segunda edición de *Cántico*.

El segundo *Cántico* (1936) no representa una evolución o un progreso respecto al *Cántico* de 1928, como ya hizo notar J. Casalduero, puesto que la unidad del mundo poético guilleniano es muy notable. En esta segunda ocasión J. Guillén estructura su obra en cinco apartados e incorpora otros 50 poemas, de modo que la disposición general del libro recibe una transformación considerable.[7] Cada una de las cinco partes recibe ahora título, y una ordenación más intencionada en su temática.

De las nuevas incorporaciones, «Más allá» ocupará desde ahora el primer lugar del libro, habida cuenta de que es un poema auroral, y con el nacimiento de la luz diurna el poeta quiere indicar que se inicia el re-conocimiento de las cosas. Dispuesto en seis apartados simétricos de 15-5-5-5-5-15 cuartetas asonantes en versos pares, en «Más allá» se presentan los seres que están siempre junto a nosotros esperando que nuestros ojos se dirijan hacia ellos y se percaten de su existencia:

> *El balcón, los cristales,*
> *Unos libros, la mesa.*
> *¿Nada más esto? Sí.*
> *Maravillas concretas.*

Ante la mirada del poeta, esas cosas se dejan descubrir también en su esencia:

> *Y ágil, humildemente,*
> *La materia apercibe*
> *Gracia de Aparición:*
> *Esto es cal, esto es mimbre.*

Los primeros rayos del sol ejercen una función salvífica: con su decurso se pasa del caos que precede al *fiat lux* a la seguridad del orden mental y físico. La claridad sitúa amorosamente a cada objeto en su sitio y al vidente en el núcleo de un nuevo paraíso ubicable justo allí donde la luz recrea y unos ojos humanos se abren: una habitación, en este caso, centro mítico en el que convergen todos los seres «Que al balcón por países / De tránsito deslizan». Cada amanecer es así un primer día de la Creación, y el poeta puede por ello asistir cotidianamente al milagro genesíaco:

> Es la luz del primer
> Vergel, y aún fulge aquí,
> Ante mi faz, sobre esa
> Flor, en ese jardín.
>
> Y con empuje henchido
> De afluencias amantes
> Se ahínca en el sagrado
> Presente perdurable
>
> Toda la creación,
> Que al despertarse un hombre
> Lanza la soledad
> A un tumulto de acordes.

Al *Cántico* de 1936 se incorpora también «Salvación de la primavera», uno de los textos eróticos más delicados y mejor construidos de las letras hispánicas, poema inefable donde la conjunción amorosa amado-amada se convierte en fábula edénica. El acto de amor permite la sublimación de la individualidad y consigue la unidad perfecta del *nosotros* que congrega a comunión todos los seres del Universo. Todas las etapas por las que discurre la fase pre-copulativa —visión, aproximación, contacto, demora, apremio— se hacen alegoría primaveral al encuentro del clímax:

> Afán, afán, afán
> A favor de dulzura,
> Dulzura que delira
> Con delirio hacia furia.

> Furia aún no, más afán,
> Afán extraordinario,
> Terrible que sería
> Feroz, atroz o... Pasmo.

Pocos, muy pocos poetas han sabido expresar con palabras sin tacha la sinfonía de un hombre y una mujer amándose física, intensamente, hasta la plenitud, hasta el desvarío, hasta el límite corporal y temporal de la relación, hasta la bipartición postrera del *nosotros* nuevamente convertido en *tú* y *yo*.

> ¡Límites! Y la paz
> Va apartando los cuerpos,
> Dos yacen, dos. Y ceden,
> Se inclinan a dos sueños.

Para encontrar un precedente literario de tanta calidad y belleza tendríamos que remontarnos al *Cantar de los Cantares* de Salomón, que Guillén conocía y apreciaba también en la traslación poética y en los comentarios de Fray Luis de León que él mismo editaría más tarde.[8]

El tercer *Cántico* (1945), con 270 poemas, supone un 216 % de incremento respecto al anterior, y un 360 % en el mismo sentido frente al de 1928.[9] Es este el primero de sus dos *Cánticos* reordenados en América tras el exilio voluntario del poeta y su familia a raíz de la guerra civil. Pese a que el tono alegre y amable del libro no decae en general, los acontecimientos históricos y personales se dejan sentir, incluso en el subtítulo, *Fe de Vida*, constatación judicial de la propia existencia física y creadora tanto como entusiasta adhesión a la vida, que apuntó Aranguren. J. Guillén puede proseguir su andadura literaria, en efecto, porque se ha encontrado inmerso contra su voluntad en dos conflictos bélicos y su ansia de vivir y de amar permanece intacta. Pero algo ha cambiado: la muerte ha pasado muy cerca y el poeta ha percibido su aliento:

Calles, un jardín,
Césped —y sus muertos.
Morir, no, vivir.
¡Qué urbano lo eterno!

Losa vertical,
Nombres de los otros.
La inmortalidad
Preserva su otoño.

¿Y aquella aflicción?
Nada sabe el césped
De ningún adiós.
¿Dónde está la muerte?

Hervor de ciudad
En torno a las tumbas.
Una misma paz
Se cierne difusa.

Juntos a través
Ya de un solo olvido,
Quedan en tropel
Los muertos, los vivos.

La muerte, de todas formas, es ajena aún, como lo era en «Muerte a lo lejos» del *Cántico* de 1936, y el poeta no la reconoce en su entorno si no es por sus consecuencias, que tampoco le resultan próximas.

Nada hay, pues, aparentemente, lúgubre, doloroso, de sentimiento de impotencia, de aceptación estoica de la muerte. Bien al contrario, J. Guillén se resiste con firmeza en ese tercer hexasílabo rotundo «Morir, no, vivir», aunque observe que vivos y muertos —la vida y la muerte— casi se dan la mano en ese cementerio innominado que origina su meditación. También elude el nombre propio y aun el común —¿palabra tabú entonces?— del que refiere cuando compone «Descanso en jardín», donde los muertos, cada noche más muertos, se esconden entre el anonimato y el silencio.

El *Cántico* de 1945 aborda ya, serenamente, el tema de la muerte y apunta la presencia del dolor, del dolor sufrido en propia carne, pero jamás asumido de forma masoquista, ni como vía ascética: «Yo no soy mi dolor. / ¿Mío? Nunca». Lo esencial no es, sin duda, el dolor. Lo verdaderamente importante es el estado de salud en que puede gozarse del mundo y del amor, como advierte en el apartado IV de «Muchas gracias, adiós»:

> *He sufrido. No importa.*
> *Ni amargura ni queja.*
> *Entre salud y amor*
> *Gire y zumbe el planeta.*

El cuarto *Cántico* (1950) añade al anterior 64 poemas y pierde el subtítulo *Fe de Vida*. Estamos ante un volumen definitivo de 334 poemas «prodigio de equilibrio y de madurez» [10] nuevamente mejor ordenados para asombro de quienes creían que la organización de la tercera edición era perfecta. Han sido más de 30 años de actividad poética para un solo libro, y durante ese dilatado período han nacido 9.998 versos [11] y dos nietos, Antó e Isabel. [12] Estos nietos (al menos Antó), como antes los hijos, tienen cabida en varios poemas nuevos: «Arranques», «El niño dice», «Niño con atención», «El más claro» y otros. Una vez más extasiado ante la pujante naturaleza que suponen las criaturas jóvenes no se limita a homenajear a esas ramas brotadas de su propio tronco, sino que las convierte, sin despersonalizarlas, en motivo de canto a la vida. Los niños son fuente de curiosidad, de alegría, de encanto, de vitalidad incansable, de fantasía, de insensatez feliz, de irreverencia incluso. Semejantes en su candor a los cachorros de los animales superiores, J. Guillén no se sustrae a incluirlos dentro de un ambiente espacio-temporal paradisíaco: [13]

> *Todavía no existe el mal.*
> *Un ser es ahora inmortal.*

Ese mismo ambiente primigenio se percibe de algún modo en «Las soledades interrumpidas», donde se alude al surgimiento de una ciudad, Wellesley, que gana terreno al bosque sin que por ello haya de llorarse una modificación irreparable del entorno geográfico y biológico. El nacimiento de la ciudad americana que ha acogido en sus aulas universitarias al poeta es visto por éste como la perfecta simbiosis hombre-naturaleza. La ocupación o interrupción de la selva —dice J. Ruiz de Conde— ha sido un hecho natural, consentido por ella misma y al cual ha contribuido con su materia y su sustancia: la madera.[14] Si el hombre respeta a la naturaleza —parece decir Guillén— el equilibrio ecológico es posible, de tal modo que uno y otra pueden relacionarse sin agresividad, amistosamente. En el centro de esa naturaleza modificada por la mano del hombre:

> Los follajes divisan
> A los atareados,
> En su esfuerzo perdidos,
> Oscuros bajo el árbol.

> Un rumor. Son las hojas
> Gratas, profusas, cómplices.
> Los tejados contemplan
> Tiernamente su bosque.

La naturaleza vegetal personificada en esas hojas amigas inicia un rumor gratuito, agradable al oído humano, un rumor que impide el olvido de otro de los temas recurrentes en *Cántico* y en todo *Aire Nuestro:* la música.

Del cuarto *Cántico* son dos de los poemas mejor elaborados en ese sentido: «El concierto» y «Contrapunto final». En «El concierto» se halla exactamente, refiriéndose a la música, el extremo opuesto a cuando abordaba el dolor. Ahora sí, ahora el poeta —que rechazó con energía su dolor— asume la música como algo propio:

> Me perteneces, música,
> Dechado sobrehumano
> Que un hombre entrega al hombre.

Como otro Fray Luis atento a los sones inefables que convocan los ágiles dedos de Salinas, Guillén llega a creer en la música como elemento definitivo de relación cósmica, como perfección absoluta, como ingrediente definitivo de la felicidad humana y suprahumana:

> *En una gloria aliento.*
> *Porque tanto se eleva sobre mí,*
> *Perfección superior a toda vida*
> *Me rige.*
> *¡Oh música del hombre y más que el hombre,*
> *Último desenlace*
> *De la audaz esperanza!*

Pero pese a tal sensación de dicha, de impotencia ante el poder hipnótico de la música, J. Guillén no quiere dejar de observar que también la música necesita, como el hombre, el aire, el vinculante aire nuestro que le sirve de vehículo permitiendo su existencia. Por eso concluye el poema con un verso significativo: «Absoluta armonía en aire humano».

La música fue, en efecto, una de las grandes aficiones del poeta, que admiraba especialmente a Bach, Debussy, Ravel y Falla.[15] Tal interés favoreció su sentido del ritmo y le proporcionó numerosos motivos de referencia así como un apoyo psicológico tras la muerte de su esposa en 1947.

Su segunda gran obra, *Clamor,* se gestó también en distintas fases editadas en publicaciones independientes bajo los títulos *Clamor: tiempo de historia, Maremágnum* (1957); *Clamor, ...Que van a dar en la mar* (1960) y *Clamor. A la altura de las circunstancias* (1963).

La aparición editorial de *Maremágnum* supuso una auténtica conmoción entre los críticos. Jorge Guillén, en apariencia, había dado un sesgo total a su concepción del hombre y del mundo. Si en *Cántico* Guillén había cantado jubilosamente lo positivo de la vida ahora —y en las sucesivas entregas de *Clamor*— aborda lo negativo, lo caótico, lo inhumano. Era una comparación rápida y parcial de ambos libros, porque si bien es cierto que *Clamor* presenta el desorden frente al orden de *Cántico*, ya en éste habían penetrado desde 1945 algunos elementos de trastorno. *Clamor* debe considerarse —y así lo contempla la mayor parte de la crítica— como una continuación de *Cántico*, que, ciertamente, se había ido sesgando en las ediciones tercera y cuarta a la contemplación de la realidad menos agradable del entorno. En puridad habrá que considerar a *Clamor* como la continuación lógica de *Cántico*, del modo que *Homenaje* lo será de *Clamor*, *Y otros poemas* lo será de *Homenaje*, y *Final* lo será de *Y otros poemas*. No sin razón J. Guillén agrupó sus cinco volúmenes de poesía en un todo unitivo que recordara sus afinidades y dificultara el olvido, una vez leído un libro, de la existencia de los otros cuatro.

Clamor es el grito de un hombre encarnado en su tiempo, y ese tiempo es precisamente la época inhóspita de la guerra y sus secuelas, de la muerte de los seres queridos —su esposa, su padre, su mejor amigo— de la lejanía del idioma entrañable.

De la misma forma, sin embargo, que J. Guillén generalizaba sus particulares momentos de felicidad para convertirlos en cuadros que pudiera relatar cualquier hombre, en *Clamor* elimina lo anecdótico particular para que también en situación menos grata el lector se sienta involucrado. La disposición del poeta es la misma en ambos casos —se trata de conseguir «cómplices»— si bien los temas abordados son diferentes o se miran desde la otra cara, antes oculta, del espejo.

La primera parte del libro, *Maremágnum*, introduce por primera vez la figura del tirano así como sus secuaces y sus obras en «Potencia de Pérez», texto donde se juzga a un personaje vulgar y anodino que consigue imponer una férrea dictadura pretendidamente aceptada por los dioses y sus enviados:

> *Es él quien todos alzan para todos,*
> *Y en ellos estribado,*
> *Se aúpa,*
> *Adalid de su Dios.*
> *La victoria es santísima.*

Un tono nuevo, el sarcástico, se utiliza ahora. J. Guillén critica sin pasión, pero sin compasión, al pueblo adormecido y crédulo, a los políticos, a los religiosos que soportan y reverencian al tirano, a cualquier tirano, pero en este caso a Pérez, que fundamenta su poder en un sólido trípode: «Dogma, sangre, dinero». Con razón Y. González ha calificado *Maremágnum* como «el horror totalitario hecho poesía».

El talante liberal de que siempre hizo gala el poeta se rebela ante la privación de los derechos, y lucha —sin otras armas que las palabras hechas poema— contra toda opresión, contra el desorden, aunque también contra la desesperación y, en buena medida, contra el conformismo.

En la segunda parte, ...*Que van a dar en la mar*, destaca «Lugar de Lázaro», donde J. Guillén, cuyo agnosticismo jamás ha negado [16] se compara con el personaje neotestamentario para llegar a la conclusión de que él es más pobre que el mismo Lázaro,[17] por faltarle la esperanza en el Cristo resucitador:

> *Hombre humilde y perdido,*
> *Yo no sé ni esperar ante ese polvo.*

En el mismo apartado presenta Guillén una recreación de la última visita de Calisto al huerto de Melibea, donde la polifonía de voces engrandece los momentos cruciales de la existencia —el del amor y el de la muerte— en un instante que se hace eterno bajo la complicidad semioculta de la noche.

En la tercera parte de *Clamor*, *A la altura de las circunstancias*, entran todo tipo de temas, aunque los poemas tristes, sombríos, no impiden la aparición inmediata de otros menos negativos. Como expresa B. Ciplijauskaité, el poeta «ve lo cotidiano, lo triste, aun lo desesperado de la situación; manifiesta su indignación, protesta, pero no sucumbe: se salva por el arte».[18]

A la altura de las circunstancias es notable por su construcción y por su relación con el resto de la obra guilleniana. Como en los otros libros de *Clamor* presenta una serie de poemas breves, «Tréboles», donde caben todo tipo de motivos y de tonos: entusiasmo, amor, desprecio, reflexión, ironía, todo encuentra su lugar:

> —¡Cuánto dictador Atila!
> Todos son puros. —¿Quién más?
> —No hay duda: quien más fusila.

Clamor, que se inicia con una dedicatoria a los hijos del poeta —«posible esperanza»— se cierra con otra a P. Salinas —fallecido en 1951— como homenaje póstumo de amistad.

La amistad es, precisamente, el fundamento de *Homenaje,* editado en 1967. Se trata de un denso volumen de 8.988 versos (673 poemas) repartidos en seis secciones.

Tres son los tipos de amistad que J. Guillén homenajea en el tercer volumen de *Aire Nuestro:* la nacida de las lecturas que le han proporcionado escritores precedentes y contemporáneos; la entablada a nivel personal con los hombres de su tiempo; y la ofrecida a los futuros lectores de su obra, a quienes incluye en la dedicatoria final. Mientras el protagonista de *Cántico* era el propio escritor en contemplación gozosa del mundo y el de *Clamor* se reparte entre el poeta y las voces anónimas que él asume, en *Homenaje* puede afirmarse que el auténtico protagonista son los otros, amablemente rescatados, revividos, o, cuando menos, re-creados por la contemplación inteligente de un hombre que sigue llevándonos al ser y al estar del ser.

Su capacidad para hacer universal, ahistórico, lo que es o ha sido particular, anecdótico, que no sorprende porque quedaba demostrada en *Cántico,* favoreció incluso alguna confusión cuando la crítica se enfrentó con «Amor a Silvia»,[19] uno de los más bellos textos amorosos de *Aire Nuestro.* «Amor a Silvia» desvela todos los secretos de la fase feliz del galanteo desde el saludo floral iniciático que provoca la aproximación del yo al tú hasta la dualidad activa que se impone en la relación final de la pareja con la confusión del posesivo:

> *Ojos cerrados, quieta,*
> *Absorta, concentrándote,*
> *Irradias atracción*
> *Desde ese ya silencio*

Del ser más inmediato
Que se da, se abandona,
Gentil, a su quietud
Soberana, potente,
Y me absorbes, me absorbes,
Presa, mi presa... Tuyo.

Sigue siendo el Guillén de *Cántico* quien habla en *Homenaje* y quien nos proporciona sus preferencias en cuestión de amistades y —esto es muy esclarecedor para conocer su forma de pensar— de sus amistades literarias. Puesto que jamás dejó una coma a la improvisación o al capricho del impresor, con más motivo ha de verse como intencionada la inclusión de cada uno de los escritores incorporados a la obra. La nómina de los mismos sería redundante aquí, pero ha de recordarse, por ejemplo, que el Arcipreste, Fray Luis de León, Lope de Vega, Rubén Darío, Antonio Machado, Juan Ramón Jiménez y él mismo —con una cita de *Cántico*— se reúnen en una subsección de la segunda parte del libro. Todos ellos marcan hitos incuestionables en nuestra lírica y son máximas figuras de sus épocas. Con su inclusión en ese apartado J. Guillén defiende el lugar de privilegio de todos ellos y permite especular su filiación respecto a los ahí anotados. Pero Guillén es poeta-profesor y, sobre todo, hombre de muchas lecturas, que no se limita al castellano. Por eso en *Homenaje* trae a colación a escritores portugueses, franceses, ingleses, alemanes, algunos orientales y otros clásicos. Cuando se fundamenta en algún texto de otro poeta no lo hace por mimetismo o por afán de emulación, sino para crear «un poema que logra ser universal y que al mismo tiempo toma en cuenta valores históricos; que logra ser específico y que al mismo tiempo trasciende una época determinada».[20]

Porque de eso se trata: de recuperar para la contemporaneidad —y aun para el futuro— los valores intrínsecos de las obras maestras en algunos casos acosadas por el implacable paso del tiempo y los consiguientes cambios de mentalidad. A.P. Debicki hace hincapié en este aspecto al comentar «El orden», basado en una cita de Espronceda tomada de «Guerra». Con la nueva visión —comenta el crítico— Guillén nos hacer ver la perennidad del tema tratado:

> Gran jefe del ejército
> De ocupación se muestra.
>
> Jinetes de motor
> Son su diestra y siniestra.
>
> Automóvil. Clausura
> Blindada. Patria pura.
>
> El pueblo sobre el traje
> Del dictador advierte
>
> La manchita de sangre:
> Jefe de mucha muerte.

¿Cómo olvidar, tras esta lectura, los poemas donde se retrata al tirano en *Clamor*, y cómo evitar la comparación con otros sobre el mismo tipo humano de *Y otros poemas* y *Final*? La unidad —que no la univocidad— de *Aire Nuestro* queda manifiesta una vez más.

Homenaje era y es, en buena medida, un libro de despedida, por lo que, para cerrar el volumen J. Guillén sitúa un poema «Obra completa», que concluye con estos dos serenos endecasílabos: «Hemos llegado al fin y yo inauguro, / Triste, mi paz: la obra está completa». Era una suposición apresurada, porque en 1973 ha de publicar *Y otros poemas*, donde nuevamente hallamos correlaciones con los libros precedentes.

La estructura pentámera de *Y otros poemas* es totalmente regular y puede afirmarse, como hace F. Díaz de Castro,[21] que la primera sección, «Estudios», se corresponde con *Cántico*, la segunda, «Sátiras», con *Clamor*, y las tres restantes, «Glosas», «Epigramas» y «Despedidas», con *Homenaje*, por lo que *Y otros poemas* condensa los volúmenes anteriores de *Aire Nuestro* y da fe del inagotable entusiasmo por la vida y por la creación poética de que hizo gala Guillén desde sus primeros versos. La vida, la vida que despierta en cada amanecer y despunta más pujante en primavera es siempre motivo de canto jubiloso:

Ese esbozo de encuentro
Con abril nos revela
—No hay mensaje solemne—
En mañana ligera
Su voz de manantial.
Algo puro se entrega.

Seduciéndonos. ¡Vida,
Profunda vida cierta!

Lo profundo —como el aire— es la vida, y el poeta, con setenta y cinco años de vida intensa sobre sus hombros cuando trabaja en *Y otros poemas,* sigue con idéntica capacidad de asombro ante lo que sus ojos descubren cada día. Así en «Tentativas terrestres», poema inspirado tras un paseo por el parque multiforme de piedra que es El Torcal de Antequera (Málaga) en 1966, expresa: «Dentro de este silencio y su sosiego / Conmueve fascinándonos / Esa visible creación suspensa». No quiero caer en la tentación de colocar a Guillén la etiqueta «poeta puro», pero sí es cierto que la disciplina mental y formal del poeta lo va llevando a tal rigor que en los dos últimos libros de *Aire Nuestro* los poemas son más y más concisos, más y más apretados. Hay depuración formal, sí, en Guillén, pero de ninguna manera se puede aceptar el postulado de A. Blanch en el sentido de que «este esfuerzo de creación y de depuración negativa lleva necesariamente a los poetas a preocuparse de la forma mucho más que del contenido».[22] Creo, por el contrario, que el vallisoletano —sin despreocuparse de la forma en ningún momento— se preocupa más del contenido. No debe olvidarse que Guillén comparte la idea, tan antigua, de que el hombre se salva por el arte y que la poesía es expresión vital. Con sus propias palabras, «la vida no se acaba de vivir si no se expresa».[23]

Dar cauce a las ideas es tan importante como dejar tras sí a unos hijos que perpetúen la propia vida. Unas y otros se independizarán más tarde, pero unas y otros llevan en sí las características esenciales de su autor. Por eso en *Y otros poemas* abundan los comentarios sobre el hecho literario y se enumeran los miembros de la familia del poeta, con inclusión ya de algún biznieto: «Irene, Steve, Teresa, Antó, Benedicte, Nils, Alan, Isabel, Patrick, Anita... Olmo soy con raigambre en ese jardín».[24]

En cuanto a su teoría poética expresada a través del verso, *Y otros poemas* reúne, principalmente en el apartado «Res poética», un conjunto de poemas breves, epigramáticos, donde se detiene en mil y una materias, desde su posición ante el ritmo y la rima hasta lo indefinible del término poesía: «sentimiento aún de asombro / Que resplandece con fe». Hasta la publicación de *Final* habrá que esperar su definición más precisa del término.[25]

Final, publicado en los últimos días de 1981,[26] ofrece, como *Y otros poemas,* una estructura pentámera totalmente regular, con cinco apartados: 1. Dentro del mundo. 2. En la vida. 3. *Dramatis personae.* 4. En tiempo fechado. 5. Fuera del mundo.

Final es un último *Cántico,* y en él reaparecen la mayor parte de los temas alrededor de los cuales ha girado la producción poética guilleniana durante más de sesenta años. Lo más novedoso de la obra puede considerarse la visión del mundo desde el punto de vista de otro yo contemporáneo y compañero del vivir del poeta que empieza a presentarse en *Clamor.*

En la primera parte el yo del poeta, en continua egresión hacia las criaturas, ha vuelto al centro del ser para meditar sobre la creación y sobre dos situaciones antónimas: la vida y la muerte.

Tema central de la segunda parte es la creación artística, y por ello presenta numerosos puntos de contacto con *Homenaje* e *Y otros poemas.* Pero también cabe, en el apartado «Dramatis personae», la oposición orden/caos, por lo que entramos en un *Clamor* que ha superado la historia para entroncar con todo el dolor que el hombre, en general, ha padecido o padece.

En la cuarta parte, «En tiempo fechado», la Historia se funde con la Literatura y ésta con el sentido del hombre sobre la Tierra. Se hace una valoración de la libertad y surgen el amor y sus opuestos (odio y tiranía). Por fin se encara con el tema de la muerte, que no es, como cabía esperar, el último, ya que el poeta aún habrá de tratar su incapacidad para llegar al conocimiento del más allá. Así presentada, la obra es perfectamente circular y aun simétrica en cuanto a significados. J. Guillén no fue un poeta puro, matemático, pero tenía muy en cuenta las posibilidades simbólicas de la Geometría al componer cada poema, cada sección, cada libro, los cinco tomos de *Aire Nuestro*. Véase, como muestra, la estudiada disposición del subpoema [27] 7 de «Fuerza bruta»:

> *El orden se levanta*
> *Sobre una firma planta*
> *De terror.*

> *Hecatombe, cien bueyes, muchos hombres.*

> *Sí, tengo mucho miedo.*
> *Todo te lo concedo,*
> *Gran terror.*

> *Hecatombe, cien bueyes, muchos hombres.*

> *Dios y su Economía*
> *Se salvan por la vía*
> *Del terror.*

> *Hecatombe, cien bueyes, muchos hombres.*

Estamos ante un auténtico monolito, un tótem, casi, donde el orden externo, la disposición sangrada y simétrica de los versos, colabora a la comprensión del contenido. En este mismo sentido me parece pleno de acierto el escalonamiento de la segunda estrofa de «Profesional del odio»:

> *A través del vocablo segregaba tal odio*
> *Que una gotita nada más hería*
> *Con vigor destructor: ¡oh, cianuro!*

> *Era, no os asustéis,*
>   *pa*
>   *la*
>   *bre*
>   *ría.*

La partición del último verso y, en especial, de la última palabra, sugiere el desenfoque irónico entre lo que hace y lo que manifiesta el agonizante, quien, de una forma que se me antoja teatral, cae al suelo en cuatro tiempos.

J. Guillén había estudiado con detenimiento todas las posibilidades expresivas de la tipografía y las utiliza para intensificar el sentido de sus composiciones poéticas. Como afirma J. M. Blecua, J. Guillén «crea y recrea el poema de un modo delicado y tenaz hasta llegar a la forma definitiva en la que hasta el más simple guión es significante».[28]

Final condensa, pues, los volúmenes anteriores de *Aire Nuestro* y da fe del saber poético, en todos los aspectos, de un poeta longevo. Guillén estaba orgulloso de haber llegado a convertirse en el poeta más viejo de la Literatura Española y tenía motivos para ello. *Final*, obra de un octogenario, puede considerarse que inicia con dignidad absoluta, como ya dijera A. Romero Márquez, la poesía de la tercera edad.[29]

Obra crítica

Inédito hasta el momento el trabajo de J. Guillén que lleva por título *El hombre y la obra,* fechado en Valladolid el 1 de marzo de 1917 y presentado en el Instituto de Estudios Hispánicos de París, hay que considerar como sus primeros escarceos críticos los artículos publicados en el diario *El Norte de Castilla* desde 1918.[30]

Tiene entonces Guillén 25 años, un notable conocimiento de nuestra literatura y un estupendo sentido del humor que, sin embargo, apenas reflejará en *Cántico.* Su preocupación en esos días se centra en analizar y analizarse, es decir, en leer —sobre todo a sus contemporáneos— y en ejercitarse en la propia escritura. El poeta sí nace, repetirá más tarde, pero el poema y el artículo crítico se hacen con esfuerzo y dedicación, podemos añadir.

Es entonces Guillén lector de español en La Sorbona y desde allí inicia otras colaboraciones críticas en algún diario español —*La Libertad*— y en revistas especializadas —*Hispania, España, Índice* y *La Pluma*— que le exigen una disciplina lectora con la que se siente muy a gusto. En la sección «Correo Literario» de *La Libertad* publica en enero del 24 un sabroso artículo sobre los «Poetas jóvenes», donde se ocupa de Madariaga, Antonio Espina, Gerardo Diego y Basterra. Comentando «Don Cacique (Óleo)», del segundo, aprecia la distribución del poema en estos términos: «Algunas veces las palabras, tras los más donosos volatines, caen desperdigadas —sabiamente— sobre toda la extensión de la página, cuyos blancos cobran así una rara intensidad expresiva». No cabe duda de que Guillén tiene muy en cuenta ya entonces las calidades expresivas de la tipografía y su uso correcto.

Algo más tarde (1927) se publica en *Verso y prosa* su conocida «Carta a Fernando Vela» donde se encuentra el germen de su teoría poética: «No hay más poesía que la realizada en el poema, y de ningún modo puede oponerse al poema un "estado" inefable que se corrompe al realizarse y que por milagro atraviesa el cuerpo poemático». A pesar de su brevedad, en esta carta tiene cabida un intento de definición de poesía, y, sobre todo, la toma de partido en la controvertida cuestión de la poesía pura, a la que considera «demasiado inhumana, demasiado irrespirable y demasiado aburrida».

En 1936, época del segundo *Cántico,* se edita el *Cantar de Cantares* en versión de Fray Luis, en cuyo prólogo retrata el mismo Guillén su propia manera de enfocar la traducción poética, las «variaciones». Quien había sido traductor de Valéry y lo iba a ser de muchos otros poetas de diversas épocas y lenguas, opina que «Fray Luis no viene a juzgar el poema, sino a representarlo tal como es o podría ser en profundidad. De este modo, la explicación lógica se identifica con el desenvolvimiento poético, y la traducción da origen a la paráfrasis». «Sabiduría, pasión y sensualidad se juntan en un hombre de libros, estudioso y ardiente, que acrece su ardor para ver más claro.» Ésa es, sin lugar a dudas, su aproximación a la poesía ajena, siempre entusiasta y siempre dispuesta a encontrar valores que destacar y rescatar. El poeta hecho crítico apura su visión del hecho literario matizando las cuestiones esenciales, llegando al fondo de cada asunto y, desde luego, propugnando, quizás de forma inconsciente —aunque en Guillén puede decirse que nada queda al albur— aquello que de los otros escritores él mismo comparte en cuanto al modo de concebir la creación literaria.

Lenguaje y poesía. Algunos casos españoles (1962) es en el aspecto ensayístico la gran obra de J. Guillén, que previamente había sido un conjunto de conferencias dictadas en la universidad norteamericana de Harvard en el curso 1957-58 y publicadas en inglés bajo el título *Language and poetry*, en 1961.

Ya en las palabras preliminares del libro plantea el poeta-profesor-crítico su posición ante la obra de arte —el poema— y los materiales a utilizar —las palabras—, que para el artista del lenguaje «son mucho más que palabras» pues «en la breve duración de su sonido cabe el mundo».

Investigando en el lenguaje de Berceo, Guillén llega a la conclusión de que al más clásico de nuestros poetas en lengua castellana «lo que le importan son los valores poéticos dentro de la composición, no los valores reales», es decir, que las palabras no son poéticas o no poéticas en sí mismas. Llegan a ser poéticas cuando forman parte del todo —obra de arte— que significa un poema.

Se entretiene Guillén en buscar las fuentes de inspiración de Berceo y, comentando el *Libro de Job,* vuelve a dar una visión de sí mismo que parece hoy, tras la publicación de su último libro, *Final,* cobrar todo su sentido: «Del *clamor* se asciende hasta el *cántico* por una escala emocionante: hoya, mina, fango, piedra, y sobre la piedra los pasos de los pies, y en la boca el júbilo *final*».[31]

Es imposible pasar sobre esta cita sin recordar que *Clamor* y *Cántico* son, especialmente este último, los libros que han proporcionado al poeta su fama internacional. Pero tampoco se puede olvidar que *Final*, su última obra, representa en buena medida el júbilo del poeta que, en su ancianidad, demuestra su interés por la vida y por la poesía.

Pero volviendo al estudio sobre Berceo, el de Valladolid

critica que se llame «prosaica» a la lengua del autor de los *Milagros de Nuestra Señora,* pues en el siglo XIII el idioma se mantenía al nivel más básico, siendo común para la expresión coloquial y la poética. La realidad ordinaria que plantea Berceo en sus textos no es vulgar, sino presentada de una forma sencilla. ¿Cómo no recordar que el mismo Guillén sabe plantear los elementos naturales en toda su rusticidad, sin alardes retóricos, como vimos, en «Más allá»? Las «maravillas concretas» han sido siempre origen de poemas no tan sencillos como ocultan las desnudas apariencias. La poesía no depende del objeto del poema, sino de la forma de verlo —exterior o interiormente— el poeta que lo utiliza como pretexto.

Al iniciar el estudio de Góngora considera que con él la expresión poética ha logrado la mayor diferencia posible con el lenguaje coloquial. Como Dámaso Alonso, Guillén acepta que las dos maneras de escribir del poeta cordobés «a ras de tierra» o «elevadas de tono y de concepto» no corresponden a dos épocas sino a una necesidad de simultanear «lo grave y lo alegre en el asunto y en el tono, y de lo llano y lo abrupto en el idioma y en el estilo».

Pero Guillén se detiene de un modo consciente en el análisis de la supuestamente hermética producción gongorina. Es en ella donde encuentra el lenguaje característico del autor del *Polifemo.* En la forma de interrumpir la línea pura, la expresión escueta, por medio de cultismos, metáforas, alusiones o simetrías, halla Guillén la creación poética alimentada con un «lenguaje construido como objeto enigmático». Nada hay en Góngora —como en Guillén— abandonado a la improvisación. La depuración y la intensificación de los medios expresivos preexistentes al poeta barroco lo convierte —dirá Guillén— en el artista que somete a examen y expurgo las formas de su arte y no se lanza a la creación sin previas cavilaciones.

El atractivo que para los miembros de la generación del 27 supone la obra de Góngora no es casual: en el máximo exponente del culteranismo han advertido una lucha sin cuartel para diferenciar la poesía y la prosa. Y en esta lucha ellos mismos están implicados tres siglos después de la muerte de Don Luis, a quien Guillén dedicó, en *Cántico* (1928), «El ruiseñor», una décima que es imposible obviar:

> *El ruiseñor, pavo real*
> *Facilísimo del pío,*
> *Envía su memorial*
> *Sobre la curva del río,*
> *Lejos, muy lejos, a un día*
> *Parado en su mediodía,*
> *Donde un ave carmesí,*
> *Cenit de una primavera*
> *Redonda, perfecta esfera,*
> *No responde nunca: sí.*

Como Góngora, Guillén y otros compañeros de generación escriben —como se apuntó más arriba— para lectores cómplices, para gente de todas las épocas que, como hace saber en *Y otros poemas*, «Sabe de mi lengua. Sabe de mi tiempo. / Hizo algunos estudios. Es sensible / Con alma abierta al convivir humano. / Es un lector bien hecho».

San Juan de la Cruz —pretende el autor de *Aire Nuestro*— es el poeta más breve de la lengua española, acaso de la literatura universal. Pero la brevedad no supone para Guillén señal negativa alguna, puesto que unas líneas después lo considera «la cumbre más alta de la poesía española». Para tal calificación se basa en el análisis de la *Noche oscura del alma*, el *Cántico espiritual* y la *Llama de amor viva* como tres poemas de amor, relegando a un segundo plano la biografía del autor y la intención alegórica que los convierte en místicos.

El místico carmelita cuenta y canta una historia de amor que discurre por las etapas de búsqueda, encuentro y consumación entre dos amantes —Esposa y Amado— que, dirá Guillén, viven «aquí mismo, en estos poemas, dentro del mundo creado por estas palabras».

Para Guillén —como para otros críticos— San Juan de la Cruz no aborda un pasado erótico personal reconstruido, sino una ardiente actualidad que en el ámbito del poema desliza actos de amor en el presente.

No se preocupa, de todos modos, Guillén, por confirmar aquí cómo entiende él mismo la situación fluyente —jamás estática— del presente. Le preocupa más plantear matizaciones sobre el hecho poético en sí, que aún no ha tenido tiempo de tratar en sus versos. De este modo se demora en comentar la supuesta insalvable oposición entre el *poeta furens* y el *poeta faber,* es decir, entre la inspiración y la lenta elaboración del poema. Con su comentario sobre San Juan de la Cruz, Guillén se decanta hacia la combinación feliz de ambas posiciones: «San Juan de la Cruz *acierta con el equilibrio supremo entre la poesía inspirada y la poesía construida,* en oposición a tantos modernos para quienes la poesía y el arte presentan una contradicción irreductible».[32] Pero Guillén no olvida que en la obra del carmelita existe una dimensión ultrapoética, y así cuando explica que «el poema se erige como la más sutil arquitectura, donde cada pieza ha sido trabajada por el artífice más cuidadoso de aproximarse a la perfección», que puede considerarse una alabanza al *poeta faber,* añade que «la perfección artística se aúna a la espiritual».

Con todo, y, puesto que San Juan elabora sus poemas con elementos humanos, piensa Guillén que es preferible atender en ellos a los valores simbólicos dentro de una atmósfera terrestre, sin pensar en las posibles alegorías conceptuales extrañas a la esfera poética.

Encara a continuación Guillén su estudio sobre Bécquer deteniéndose en los tres sectores que J.M. de Cossío distingue en la poesía del sevillano: el mundo de lo sensible, el mundo del misterio y el mundo del sentimiento.

Llama la atención de Guillén el influjo que el pensamiento alemán —Schlegel, Novalis, Wordsworth— ejerce sobre Bécquer. Por ese influjo el autor de las *Rimas* cree que de ninguna manera un poeta debe escribir cuando está siendo fecundado por las intensas sensaciones que le llegan de todas partes. Por el contrario, sólo se podrá escribir una obra de valor perenne cuando las sensaciones que lo bombardearon sean un recuerdo, cuando el receptor no se sienta con los nervios agitados ni con el pecho oprimido, sino cuando se haya acomodado en un estado «puro, tranquilo, sereno», aunque, eso sí, revestido de un poder sobrenatural.

También aquí retrata Guillén su propia postura ante la composición del poema que vimos en otros casos: el orden y la luz triunfan con la inspiración ejerciendo la función de «rienda de oro para frenar, mano inteligente que construye, cincel por fin y ritmo, universo de átomos sostenidos por una atracción recóndita», es decir: inspiración, sí, pero elaboración cuidadosa de lo percibido durante el rapto poético.

Gabriel Miró es leído también por J. Guillén desde el punto de vista de la creación literaria. En el escritor alicantino la expresión constituye una conquista espiritual y estética. Detenido ante un texto de Miró, Guillén se interroga sobre la posibilidad de definir la poesía como «vida con espíritu más forma dentro de una sola unidad indivisible».

No deja de resultar, cuando menos, curioso, que el poeta vallisoletano encuentre en un novelista al escritor que consigue el «lenguaje suficiente». Pero ocurre con frecuencia que muchos novelistas, como Miró, son grandes líricos, y su modo de hacer literatura se fundamenta en la contemplación profunda —con los ojos de la mente— de las cosas y su descripción ulterior. El novelista, el lírico, mira al objeto, pero éste no existe hasta que su creador lo nombra, lo califica, lo hace suyo. Cuando el escritor se afana —dirá Guillén— por prender las realidades con toda exactitud, asciende al nivel de la creación.

Creo que Guillén descubre en Miró más que a un novelista, a un pintor que, en vez de lienzo, utiliza papel y en vez de colores, hace uso de vocablos. Del mismo modo que el pintor ha de combinar los colores hasta dar realidad artística a la realidad natural, el escritor ha de combinar las palabras previamente escogidas para edificar un orbe hasta entonces inexistente. Nos hallamos muy próximos al creacionismo que defendieron entre otros Reverdy, Apollinaire y Huidobro, pero la consideración del artista como un pequeños dios ha latido en muchos de los escritores y pintores de las primeras décadas del siglo.

Cuando Miró está en plena madurez de escritor, Der-

117

mée escribe que «el fin del poeta es crear una obra que viva fuera de sí, con su vida propia y que esté situada en un cielo especial como una isla en el horizonte».[33] Gracias a la palabra expresiva —dice Guillén— se sobrepujan los lugares comunes, y se logra un grado de existencia que entonces sí es inefable, situado más allá de la palabra y por ella sostenida.

Tras denominar a Miró «poeta-novelista», el autor de *Aire Nuestro* se interna en un marco mucho más comprometido que los abordados hasta ese momento en *Lenguaje y poesía*. Aunque se le sugiere que responda a algunas preguntas sobre su propia concepción del hecho literario, en gesto de innegable modestia y compañerismo prefiere detenerse no en sí mismo, sino en el grupo generacional del 27, cuya nómina repasa con respeto.

Después de señalar que los miembros de su generación no necesitan —como apuntaba Dámaso Alonso— alzarse contra nada, alude a la actitud profesoral de muchos de ellos para pasar en seguida a la actitud poética, sin desaprovechar la ocasión para negar su propia adscripción a la poesía pura. Entre nosotros —escribe— nadie soñó con tal pureza, nadie la deseó, ni siquiera el autor de *Cántico*. Valéry —dirá a continuación— no creía o creía apenas en la inspiración —con la que siempre contaban estos poetas españoles: *musa* para unos, *ángel* para otros, *duende* para Lorca.

Por fin, para confirmar que la poesía no necesita ningún lenguaje especial y que ninguna palabra está excluida de antemano, utiliza una comparación no exenta de buen humor con la que zanja, además, una cuestión muy debatida: «la palabra *rosa* no es más poética que la palabra *política*. Por supuesto, *rosa* huele mejor que *política*: simple diferencia de calidades reales para el olfato».

Para Guillén y sus compañeros de generación no existe lenguaje poético, pero sí lenguaje de poema: «palabras situadas en un conjunto».

Las palabras no son o dejan de ser poéticas *a priori*, todo depende del contexto, que es el poema.

Otro texto crítico guilleniano de cierta relevancia lo

constituye «Poesía integral»,[34] elaborado para agradecer el «Grand Prix International de Poésie» de Bélgica, en 1961. En esa breve comunicación Guillén demuestra su preocupación por el valor del texto escrito, cuyo alcance suele ir más allá de lo previsto por el creador.

En «Poesía integral» Guillén no olvida de ninguna manera al lector, que sería extraordinario si leyese los poemas en voz alta. La relación autor-lector la interpreta en un sentido en apariencia intrascendente, como una relación comercial productor-consumidor intelectual, pero tal intrascendencia formal resulta engañosa. El autor y el lector —escribe Guillén— se encuentran en una encrucijada de la Historia: Historia no Natural, sino Humana, vivida por seres libres.

Es la época de la poesía social, y al poeta de Valladolid no se le escapa que esa inclinación es perfectamente válida; el escritor no puede recluirse en su mundo, sino que debe convertirse en «portavoz y portaconciencia» de la colectividad, de los deseos insatisfechos en una era crítica que induce al desaliento.

El poeta —define para concluir— no es más que renovada encarnación creadora que nunca se interrumpe, y su oficio consiste en hallar y combinar palabras.

El argumento de la obra, publicado en Italia en 1961, es a *Cántico* lo que los comentarios de San Juan de la Cruz a su propio *Cántico espiritual,* si bien en éstos el carmelita intenta proporcionarnos la lectura alegórica de su obra, inexistente en el *Cántico* guilleniano. Ambos son, indudablemente, dos comentarios a *posteriori* y, por supuesto, dos comentarios realmente jugosos de sus obras respectivas, pero tengo mis dudas sobre si son los mejores posibles.

D. Martínez Torrón coincide con C. Zardoya en que *El argumento de la obra* es la mejor explicitación que puede hacerse de lo que constituye el cimiento ideológico y poético de la obra de Guillén, especialmente en lo que atañe a *Cántico.*[35] Considero por mi parte que el propio autor, aun siendo relevante crítico, como en este caso, y profesor renombrado, no suele ser el que se encuentre en la mejor disposición de ánimo al encarar el estudio de su obra, ya que, por motivos diversos, no la puede mirar con absoluta objetividad.

El argumento de la obra nos proporciona, y esto es innegable, buena parte de las claves por medio de las cuales podemos interpretar la obra guilleniana, aunque muchas de ellas ya habían sido enunciadas por los críticos —algunos no atinaron en todos los blancos— y, desde luego, *Cántico,* como cualquier obra de arte, es mucho más de lo que su creador ha visto o ha descrito.

Con *El argumento de la obra* Guillén quiere dejar claros algunos aspectos de su *Cántico,* tal y como se desprende de una cita de «Poesía integral»: «Cesaría a menudo la ambigüedad de una frase para el buen lector si el autor le explicara el sentido inmediato de la frase». Interpretado deficientemente y repetidas tales interpretaciones hasta la saciedad, J. Guillén pretende zanjar varias cuestiones en la conferencia más comprometida que pudo pronunciar.

Porque en *El argumento de la obra* Guillén se ha decidido a sentar cátedra sobre los puntos conflictivos de *Cántico.* Así ha de interpretarse la matización de que «*Cántico* es ante todo un cántico a la esencial compañía», a la compañía de los hombres tanto como a la compañía de los demás seres de la Creación. No es, pues, la obra de un hombre solitario, sino la de un hombre solidario, un hombre atento «a esos instantes en que no sucede sino el fenómeno extraordinario de la normalidad». El poeta no pretende ninguna transubstanciación, ninguna alegoría, ningún tipo de magia, sólo registrar por escrito la auto-revelación cotidiana de las cosas, casi siempre desapercibida para los ojos que ven pero no miran.

Los objetos están ahí, en un presente que fluye sin descanso teniendo como fondo activo el aire y la luz. Los ciclos se abren y se cierran intermitentemente, y el hombre —animal humano— quiere llegar a ser hombre en comunidad de amor con otros hombres que, en *Cántico,* son siempre jóvenes.

J. Guillén no quiere desaprovechar la ocasión que se le brinda para, desde esa tarima profesoral que es *El argu-*

mento de la obra, llamar la atención sobre las incorporaciones novedosas de los *Cánticos* de 1945 y 1950, donde, como advertimos más arriba, surgen el desorden, la muerte, el azar, el dolor, la historia... elementos a los que denomina «coro menor de voces», secundarias, respecto a la voz cantante.

El argumento de la obra supone, pues, si no la delimitación de las motivaciones de *Cántico,* sí la explicitación de sus consecuciones, en temas y en correlaciones, así como una contra-crítica tan sutil que apenas se advierte.

También es interesante el texto «Sobre amistad y poesía», leído con ocasión del premio de la italiana Accademia Nazionale dei Linzei en 1977.[36]

Como ya hiciera en *Lenguaje y poesía,* el poeta galardonado se niega a acaparar en su persona y en su obra la gloria del premio, incorporando en su saludo de gracias a los compañeros de generación.

También le sirve este escrito para matizar términos como la *deshumanización* del arte, *vanguardias, ruptura, revolución, destrucción,* para concluir que no se puede crear después de la destrucción total, pues «no hay libro nuevo sin libros anteriores». A pesar de la presión que desde todos los frentes se ejerce sobre el poeta, sobre el creador literario, la poesía, la literatura, no desaparecerán jamás: «El *Homo sapiens,* hoy tan sabio, vale sobre todo por ese elemento de libre creación no prevista, no determinada, sin nada que ver por de pronto con rodillas de dioses». Es un alegato indudable en favor de la libertad de expresión y contra el dirigismo cultural.

El poeta ante su obra [37] es un conjunto de comentarios sobre poemas de *Aire Nuestro* al estilo de *El argumento de la obra,* si bien en este caso se propone en primer lugar la reflexión del autor y de inmediato la lectura del poema.

Como en tantos otros momentos, la circunstancia le sirve para explicar y explicarse. Así se defiende de la acusación de hermético: «El poeta padece la mala fama de ser oscuro. ¡No tanto! Si se reúnen unas poesías con otras resalta una continuidad que viene de dentro, no de fuera».

Por fin, «El argumento de la obra: *Final*»[38] es el último regalo crítico de notable peso legado por Guillén a sus lectores, y ha de verse como intento de redondear su ciclo de investigador. Si a su primer libro, *Cántico*, le correspondía *El argumento de la obra*, al último, *Final*, le debe corresponder también *El argumento de la obra*, un comentario en cinco partes donde lo fundamental es la ilusión del poeta por culminar su tarea apuntando los aspectos más interesantes de *Final* y destacando el gozo de vivir, la esperanza inmarchita de un poeta, de un hombre anciano: «La esperanza no se pierde nunca. Es la única senda de la vida, desde el principio al fin de *Aire Nuestro*».

NOTAS

1. También ejercieron la función profesoral aunque en distintos momentos y por otras circunstancias, M. Altolaguirre dictando conferencias sobre Literatura en La Habana, o el mismo García Lorca.

2. J. Guillén, *Aire Nuestro*, en cinco tomos: *Cántico, Clamor, Homenaje, Y otros poemas, Final*, Valladolid, Centro de Creación y Estudios «Jorge Guillén», Diputación Provincial, 1987.

3. Véase sobre este tema O. Macrí, «Forma poética y geométrica del primer *Cántico*», en *La obra poética de J.G.*, Barcelona, Ariel, 1976, especialmente pp. 20-24. También puede ser de interés mi artículo «La artesanía poética de J.G.», en J. Guillén, *Algunos poemas*, Santander-Málaga, 1981, [s.p.].

4. J. Casalduero, *«Cántico» de J.G. y «Aire Nuestro»*, Madrid, Gredos, 1974, p. 67.

5. El amor —afirma A. García Berrio— se configura como la única salvación posible frente a la desesperación caótica de la noche [...]. Día y noche, luz y caos, ser y nada se oponen irreductiblemente, y al hacerse humano cálculo se traducen en tormentos infinitos. Sin el Amor, esa oposición abocaría a desintegración desesperada. *La construcción imaginaria en «Cántico» de J.G.*, Limoges, U.E.R. des Lettres et des Sciences Humaines, 1985, pp. 412-413.

6. Sirvan, para recordar algunas, los artículos de W. Barnstone, «The Greeks, San Juan and Jorge Guillén», en *Luminous Reality*, Norman University of Oklahoma Press, 1969, pp. 19-23; y de L. Lorenzo Rivero, «Afinidades poéticas de J.G. con Fray Luis de León», en *Cuadernos Hispanoamericanos*, 230, 1969. Ambos están recogidos en B. Ciplijauskaité (ed.), *Jorge Guillén*, Madrid, Taurus, 1975.

7. Para el análisis de tales modificaciones es imprescindible la edición llevada a cabo por J.M. Blecua del *Cántico* (1936) en Barcelona,

Labor, 1970. Es también fundamental el artículo de I. Prat «*Cántico₁*-*Cántico₂*», en *Homenaje a J.G.*, Wellesley College, Ínsula, 1978, pp. 397-415.

8. Fray L. de León, *Cantar de Cantares*, pról. de J.G., Madrid, Signo, 1936; Santiago de Chile, Cruz del Sur, 1947; Salamanca, Sígueme, 1980.

9. Ya Dámaso Alonso se interesó por el ritmo *in crescendo* de J.G. en la creación de *Cántico*, comprobando que entre la primera y la segunda edición escribe unos 6,25 poemas por año, entre la segunda y la tercera unos 14,5, y entre la tercera y la cuarta unos 15,5. Véase «Los impulsos elementales en la poesía de J.G.», en *Poetas españoles contemporáneos*, Madrid, Gredos, 1965[3], especialmente la p. 214.

10. R. Gullón, «El Cuarto *Cántico* de J.G.», *Ínsula*, 66, p. 3.

11. Computando exclusivamente los publicados en *Cántico*, pues ya había iniciado *Maremágnum* en 1949 y existe poesía dispersa no incluida en *Aire Nuestro*.

12. Antó Gilman nació el 24 de abril de 1944; Isabel, el 29 de agosto de 1948. La tercera y última nieta, Ana, lo hizo el 19 de abril de 1957.

13. Puede verse, sobre este tema, mi artículo «El niño en la obra de J.G.», en *La Pluma*, 2. época, 7, pp. 115-125.

14. J. Ruiz de Conde, *El Cántico americano de J.G.*, Madrid, Turner, 1973, p. 108.

15. Acerca de su filiación musical pueden cotejarse sus declaraciones a J. Guerrero Martín en *Jorge Guillén. Sus raíces (Al paso)*, Valladolid, Miñón, 1982, p. 100.

16. No me interpreta, sin embargo, así Ch. Marcilly en su artículo «Guillén hasta el *Final*» (*El Candil*, 1985, pp. 49-72) donde discute algunas de las posiciones que sostengo en «Dios al *Final* de J.G.» (*Ínsula*, 435-436, febrero-marzo 1983, p. 11). Agnóstico es quien, como el poeta vallisoletano niega a la inteligencia humana capacidad para conocer la existencia de Dios y de sus atributos, lo cual no significa en ningún caso que deje de interesarse por el tema. El mismo Guillén repitió en más de una ocasión una frase cargada, a mi entender, de esperanza: «¡Cuánto me alegraría que hubiera Dios!». Pese a que Guillén no modificó en lo sustancial su ideología a lo largo de su vida —algo a lo que tenía perfecto derecho, por otra parte— en los últimos años volvió a meditar profundamente sobre el hecho religioso y sobre las postrimerías.

17. Véanse sobre este interesante aspecto los acertados comentarios de O. Macrí en su obra ya citada, pp. 340-344.

18. «*Clamor* a la altura de las circunstancias», *Revista Hispánica Moderna*, XIX, 1963. También en *Deber de plenitud*, México, Secretaría de Educación Pública, 1973, p. 140, de donde tomo la cita.

19. Algunos estudiosos se dejaron engañar por el antropónimo sin caer en la cuenta de que «Silvia» no podía ser otra que Irene, la segunda esposa del poeta, con quien había contraído matrimonio en 1961, y quien había sido objeto de algún poema en *Clamor*.

20. A.P. Debicki, «*Homenaje*», en *La poesía de J.G.*, Madrid Gredos, 1973, p. 275.

21. Véase «Jorge Guillén ante la realidad irresistible», en *La poesía de Jorge Guillén, tres ensayos*, Palma de Mallorca, Prensa Universitaria, 1987, especialmente p. 157.

22. *La poesía pura española*, Madrid, Gredos, 1976, p. 292.

23. J. Guillén, *El poeta ante su obra*, R. Gibbons y A.L. Geist, Madrid, Hiperión, 1980, p. 104.

24. En esta relación sólo se echa en falta a su hijo Claudio, pero éste tiene cabida en varios momentos de *Aire Nuestro*, y le había dado entrada un par de páginas atrás en «El padre lee lo que el hijo escribe», donde confirma que por él la vida trasciende más allá de los propios límites temporales y poéticos.

25. También se expresará en este sentido en «Poesía integral» cuando define que «la poesía es luz o tiende hacia la claridad». Véanse sobre el tema del hecho poético en *Y otros poemas*, B. Ciplijauskaité, «Glosas a Res poética», en *Sin Nombre*, VIII, 1976, pp. 24-26, F. Díaz de Castro, en su artículo, ya citado, o el mío, «Teoría poética en *Y otros poemas* de J.G.», en *Jábega*, 52, pp. 74-80.

26. Cuando este trabajo salga a la luz podrá consultarse ya la segunda y definitiva edición que cité en la nota 2.

27. Denomino subpoema a todo conjunto de versos —estrofas epigramáticas— que J. Guillén ordena, en *Final*, correlativamente con números árabes pero sin título, aparecidos en apartados de considerable extensión.

28. «La suprema originalidad de una obra», *Camp de l'arpa*, 91-92, p. 13.

29. Véase «El *Final* del *Cántico* (Un Cántico sin final)», en *Cuenta y Razón*, 9, 1983, pp. 79-102.

30. «Apología de Abel», fechado el 7 de julio. Puede leerse en J. Guillén, *Hacia «Cántico». Escritos de los años 20*, recopilación y prólogo de K.M. Sibbald, Barcelona, Ariel, 1980, pp. 371-378.

31. *Lenguaje y poesía*, Madrid, Alianza, 1972, p. 23. Los subrayados son míos.

32. Íd., p. 82. Los subrayados son míos.

33. «*Quand le symbolisme fut mort*», en *Nord-Sud*, 6, París, agosto 1917. Tomado de G. de Torre, *Historia de las literaturas de vanguardia*, Madrid, Guadarrama, 1974, vol. I, p. 239.

34. *Revista Hispánica Moderna*, año XXXI, enero-octubre, 1965, 1-4, N.Y., pp. 107-109.

35. «Estudio preliminar» a J.G., *El argumento de la obra*, Madrid, Taurus, 1985, p. 7.

36. *Adunanze Straordinarie per il Conferimento dei Premi A. Feltrinelli*, vol. II, fasc. 3, Roma, 1978.

37. J. Guillén, *El poeta ante su obra*. Ya citado.

38. En *Revista Ilustrada de Información Poética*, 17, pp. 33-44.

Índice

Índice